Jesus e a
SAMARITANA

Conheça nossos clubes

Conheça nosso site

- @editoraquadrante
- @editoraquadrante
- @quadranteeditora
- Quadrante

Título original
Jésus et la Samaritaine.
25 sermons prêchés dans l'église Saint-François-Xavier

Copyright © 2013 by Jean Chevrot

Capa
Gabriela Haeitmann

Dados Internacionais de Catalogação na Publicação (CIP)

Chevrot, Georges, 1879-1958
Jesus e a samaritana, Georges Chevrot; tradução de Maria Vieira e revisão de Emérico da Gama – 2ª ed. – São Paulo: Quadrante Editora, 2024.

ISBN: 978-85-7465-417-1

1. Espiritualidade 2. Evangelho - Meditações 3. Igreja Católica - Sermões I. Título

CDD–234.252

Índices para catálogo sistemático:
1. Evangelho : Reflexões : Cristianismo 234.252

Todos os direitos reservados a
QUADRANTE EDITORA
Rua Bernardo da Veiga, 47 - Tel.: 3873-2270
CEP 01252-020 - São Paulo - SP
www.quadrante.com.br / atendimento@quadrante.com.br

Jesus e a
SAMARITANA

Georges Chevrot

2ª edição

Tradução de Maria Vieira / Revisão de Emérico da Gama

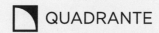

Sumário

INTRODUÇÃO — 7

LASSIDÃO — 13

ENCONTROS PROVIDENCIAIS — 23

O PRIMEIRO PASSO — 33

BARREIRAS — 43

O DOM DE DEUS — 51

O DOM DE DEUS (II) — 61

A NOSSA NECESSIDADE DE DEUS — 71

RELIGIÕES UTILITÁRIAS E RELIGIÃO ÚTIL — 81

A INTELIGÊNCIA DO PECADO — 93

O CULTO NOVO — 103

A UNIDADE NA VERDADE — 113

EM ESPÍRITO E VERDADE — 123

A OBRA DO MESSIAS	133
EFEITOS DO PERDÃO DIVINO	141
A CONFISSÃO DOS PECADOS	151
A RAZÃO DA NOSSA VIDA	161
O OTIMISMO CRISTÃO	169
SEMEADORES E CEIFADORES	179
ORAR PARA CRER	187
A EXPERIÊNCIA DA FÉ	197
O SALVADOR DO MUNDO	205
O TESTEMUNHO SUPREMO	213

INTRODUÇÃO

O episódio da Samaritana é uma das páginas mais queridas dos que conhecem a fundo o Evangelho. Apresenta-nos São João, num maravilhoso resumo, a personalidade íntegra de Nosso Senhor Jesus Cristo, Homem tão acima de nós e Deus tão próximo de nós. O amor de Cristo manifesta-se-nos em chamamentos que não se podem esquecer, na necessidade que tem de se nos dar. E ao vermos como transforma o coração dos homens, seremos capazes de resistir à sua aproximação?

É a ascensão repentina de uma mulher que abandona a indiferença e o pecado para se tornar mensageira do Salvador. É a multidão dos seus compatriotas que franqueiam em poucas horas as etapas da fé. São, na retaguarda, os discípulos do Mestre que se preparam para a semeadura do Evangelho.

Ninguém explorará nunca até ao fim as riquezas deste texto. E menos do que ninguém ousaríamos nós pretendê-lo. Neste esboço, não encontraremos, pois, um comentário do pensamento do narrador sagrado, nem mesmo o encadeamento rigoroso entre os assuntos tratados. Seguiremos, simplesmente, o texto de São João, versículo por versículo, aplicando-nos a extrair dele, para os cristãos do nosso tempo, um ensinamento e um critério.

E Jesus, fatigado da viagem, sentou-se à beira do poço. Era por volta do meio-dia. Veio uma mulher da Samaria tirar água. Pediu-lhe Jesus: "Dá-me de beber". (Pois os discípulos tinham ido à cidade comprar mantimentos.) Aquela samaritana lhe disse: "Sendo tu judeu, como pedes de beber a mim, que sou samaritana!..." (Pois os judeus não se comunicavam com os samaritanos.) Respondeu-lhe Jesus: "Se conhecesses o dom de Deus, e quem é que te diz: «Dá-me de beber», certamente lhe pedirias tu mesma e ele te daria uma água viva". A mulher lhe replicou: "Senhor, não tens com que tirá-la, e o poço é fundo... donde tens, pois, essa água viva? És, porventura, maior do que o nosso pai Jacó, que nos deu este poço, do qual ele mesmo bebeu e também os seus filhos e os seus rebanhos?" Respondeu-lhe Jesus: "Todo aquele que beber desta água tornará a ter sede, mas o que beber da água que eu lhe der jamais terá sede. Mas a água que eu lhe der virá a ser nele fonte de água, que jorrará até a vida eterna". A mulher suplicou: "Senhor, dá-me desta água, para eu já não ter sede nem vir aqui tirá-la!" Disse-lhe Jesus: "Vai, chama teu marido e volta cá". A mulher respondeu: "Não tenho marido". Disse Jesus: "Tens razão em dizer que não tens marido. Tiveste cinco maridos, e o que agora tens não é teu. Nisto disseste a verdade". "Senhor", disse-lhe a mulher, "vejo que és profeta!... Nossos pais adoraram neste monte, mas vós dizeis que é em Jerusalém que se *deve adorar". Jesus respondeu: "Mulher, acredita-me, vem a hora em que não adorareis o Pai, nem neste monte nem em Jerusalém. Vós adorais o que não conheceis, nós adoramos o que conhecemos, porque a salvação vem dos judeus. Mas vem a hora, e já chegou, em que os verdadeiros adoradores hão de adorar o Pai em espírito e verdade, e são esses adoradores que o Pai deseja. Deus é espírito, e os seus adoradores devem adorá-lo em espírito e verdade". Respondeu a mulher: "Sei que deve vir o Messias (que se chama Cristo); quando, pois, vier, ele nos fará conhecer todas as coisas". Disse-lhe Jesus: "Sou eu, quem fala contigo". Nisso seus discípulos chegaram e maravilharam-se de que estivesse falando com uma mulher. Ninguém, todavia, perguntou: Que perguntas? Ou: Que falas com ela? A mulher deixou o seu cântaro, foi à cidade e disse àqueles homens: "Vinde e vede um homem que me contou tudo o que tenho feito. Não seria ele, porventura, o Cristo?" Eles saíram da cidade e vieram ter com Jesus. Entretanto, os discípulos lhe pediam: "Mestre, come". Mas ele lhes disse: "Tenho um alimento para comer que vós não conheceis". Os discípulos perguntavam uns aos outros: Alguém lhe teria trazido de comer? Disse-lhes Jesus: "Meu alimento é fazer a vontade daquele que me enviou e cumprir a sua obra. Não dizeis vós que ainda há quatro meses e vem a colheita? Eis que vos digo: levantai os vossos olhos e vede os campos, porque já estão brancos para a ceifa. O que ceifa recebe o salário e ajunta fruto para a vida eterna; assim o semeador e o ceifador juntamente se regozijarão. Porque eis que se pode dizer com toda verdade: Um é o que semeia outro é o que ceifa. Enviei-vos a ceifar onde não tendes trabalhado; outros trabalharam, e vós entrastes nos seus trabalhos".* Muitos foram os samaritanos daquela cidade que creram nele por causa da palavra da mulher, que lhes declarara: "Ele me disse tudo quanto tenho feito". Assim, quando os samaritanos foram ter com ele, pediram que ficasse com eles. Ele permaneceu ali dois dias. Ainda muitos outros creram nele por causa das suas palavras. E diziam à mulher: "Já não é por causa da tua declaração que cremos, mas nós mesmos ouvimos e sabemos ser este verdadeiramente o Salvador do mundo".

(Jo 4, 6-42)

LASSIDÃO

> *"E Jesus, fatigado da viagem, sentou-se à beira do poço. Era por volta do meio-dia."*
>
> (Jo 4, 6)

Tendo que deixar a Judeia, Jesus voltava à Galileia pelo caminho mais rápido, mas mais difícil, que atravessava as montanhas da Samaria. Era quase meio-dia, a hora do descanso. O pequeno grupo parou perto da cidade de Sicar, no local onde estava um poço memorável, que vinha do tempo em que Jacó ali vivia...

Jesus e os discípulos caminham desde a manhã. O Mestre separa-se dos companheiros, que se dirigem à cidade para comprar mantimentos. Para Ele, a viagem tinha sido fatigante. Senta-se mesmo junto do poço, escreve São João. Estaria, como o representam os pintores, sentado sobre o bocal do poço, ou antes na atitude familiar ao viajante oriental, sentado no chão e encostado à parede do poço? Dá a impressão de que, seja como for, Jesus se deixou cair como quem já não pode mais...

E devemos agradecer ao evangelista que nos tenha revelado a fadiga de Cristo.

* * *

"Fatigado do caminho"... Estas simples palavras aproximam-no muito de nós, porque Cristo conheceu efetivamente as nossas fadigas humanas, as que sentimos quando, depois de uma longa caminhada, ficamos com as pernas enrijecidas, o rosto a arder e a garganta ressequida. A sua lassidão tem que ajudar-nos a suportar as nossas, e é uma expressão frequente da piedade cristã que nos autoriza a chamar a nós as fadigas de Cristo: "Pelos teus trabalhos, livra-nos, Senhor!"

É que, na verdade, a humanidade fatigada pode reconhecer-se nEle. Encostado ao poço, Jesus estendeu-se simplesmente, como quando jovem operário o fazia já em Nazaré nas horas de repouso, como o trabalhador de todos os tempos e de todos os países se estira no chão antes de retomar o trabalho.

O trabalho é, sem dúvida, a coroa na fronte do homem: é a alegria de produzir ou de criar. Seja uma ferramenta ou uma pena na mão, é sempre o espírito que comanda, e pelo nosso trabalho unimo-nos ao Espírito de Deus. Mas o trabalho é também o suor na fronte do homem, a tensão do cérebro ou os rins derreados, o ensaio científico que não saiu bem e que é preciso recomeçar, a dor de não se poder realizar o que o pensamento tinha concebido, e os braços que descaem impotentes. Como nós, o Filho de Deus sentiu esse momento amargo em que o corpo foge ao domínio da vontade. Fatigado..., deixou-se cair.

Não é, aliás, um caso excepcional de que o evangelista tenha tomado nota pela sua singularidade. Na barca que iria ser sacudida pelo mar de Tiberíades subitamente agitado, Jesus tinha também adormecido. Como nós, sentia-se desfalecer no fim de uma jornada fatigante. Como a sua, a nossa fadiga tem qualquer coisa de divino quando não é o esgotamento de uma vida dissipada, mas o preço de uma vida dedicada aos outros e gasta no cumprimento do dever.

Temos de contemplar Cristo fatigado quando a nossa tarefa nos obriga às prolongadas vigílias dos dias de trabalho excessivo, quando a lida não tem fim desde que nos levantamos pela manhã, mais cansados do que nos tínhamos deitado.

Temos de contemplá-lo também quando o próprio cansaço for um obstáculo ao trabalho: doentes cujas mãos de estarem paradas se tornaram extremamente brancas; velhos que contam tristemente as longas horas dos dias que não têm fim.

Mas, mais doloroso ainda é o caso daqueles que, na hora presente, vão de rua em rua, de porta em porta, à procura do trabalho que não conseguem encontrar. A fadiga estéril, desesperadora do desempregado, não a suportou também Jesus em Sicar? Repelido da Judeia ortodoxa: nem uma só alma que converter... Fatigado, faz uma pausa à beira do poço.

E o Senhor há de condoer-se não somente do sacerdote que ninguém procura, como do lavrador que não vende o seu trigo, do operário que não é contratado, do engenheiro que é despedido, do comerciante que vai abrir falência. Há de condoer-se de todos os homens que não encontram lugar num mundo com máquinas super-aperfeiçoadas — num mundo fora dos eixos, porque o progresso moral não acompanha o progresso material — e que, depois da corrida aos diplomas inúteis, disputam a corrida aos empregos cada vez mais raros...

Junto do poço de Jacó, poderemos abandonar também as fadigas da nossa alma. E, em primeiro lugar, a nossa própria alma, que nos é por vezes tão pesada. Oscilando sem tréguas entre altos e baixos, nunca somos iguais a nós mesmos de uma hora para a outra, e a lassidão apodera-se de nós.

E que diremos da nossa vontade, que tão depressa se cansa da luta contra os defeitos, e dos esforços para progredir na vida interior? Os resultados são de tal maneira desproporcionados aos nossos desejos! Somos verdadeiramente o caminhante que se arrasta na interminável fita da estrada poeirenta, debaixo do sol. Era quase a hora sexta. Era meio-dia. Apenas meio-dia! E ainda era preciso caminhar até ao entardecer...

É necessário que nos tranquilizemos. Deus não tem a mesma visão que nós das nossas fadigas interiores. Ele vê nelas outras tantas vitórias. Não podemos tentar convencer-nos de uma têmpera que não temos e ignorar as nossas fraquezas para andar a brincar aos heróis. Assemelhar-nos-emos ao Filho do Homem se nos contentarmos com ser homens, capazes unicamente de esforços limitados, interrompidos, intermitentes.

Não nos iludamos ainda mais, imaginando que a vida espiritual que Deus nos pede exige uma atenção sempre concentrada, uma sensibilidade sempre alerta, um coração sempre entusiasta. É normal até que a vida interior se nos torne monótona, pouco atrativa. Sofremos com isso, certamente, mas Deus não se sente ofendido. Ele aceita a nossa oração mesmo que sonolenta, e as nossas homenagens tantas vezes distraídas, e o sofrimento que nos penetra por não sabermos falar-lhe como quereríamos.

Estamos erradamente convencidos de que fazer uma coisa com custo é fazê-la mal. Deus é mais justo do que nós, e na nossa fadiga vê um mérito novo.

* * *

Existirá um remédio sem senão para todas as nossas fadigas ou pelo menos para o nosso cansaço espiritual? Pelo seu exemplo, Jesus diz-nos que sim. Temos de aprender dEle a viver com a nossa fadiga.

O cansaço é certamente um entrave à atividade; sobretudo, prejudica a qualidade das ações. Fatigados, fazemos menos e fazemos menos bem. Será que podemos, de verdade, evitar o cansaço? Pelo menos, não hesitemos em diminuí-lo. Escolhamos sensatamente entre as ocupações que nos absorvem. Distingamos entre o essencial e o acessório. Desbastemos prudentemente a nossa vida de tudo aquilo que é uma concessão ao capricho, à vaidade, às convenções da moda.

Porém, quando se trata de verdadeiros cristãos, é bem sabido que, depois dessa seleção, não reservarão para o seu benefício esse tempo poupado, mas se dedicarão ainda mais e melhor aos seus deveres profissionais, familiares, sociais. O seu tempo será preenchido por tarefas mais sérias e mais bem feitas, e ficará da mesma forma inteiramente ocupado.

Em suma, os verdadeiros cristãos serão sempre pessoas que se cansam. Mas, se é assim — objetar-se-á —, eles diminuem o seu valor de homens, o seu poder de rendimento, as suas possibilidades de ação apostólica e mesmo de vida interior... Nada disso. Pelo contrário, quanto mais fatigados estiverem, mais renderão, mais que os outros. E, além disso, o cansaço será uma fonte inesgotável de santificação.

A fadiga — e aqui só me refiro, já se vê, à que se assemelha às fadigas de Cristo e que pode ser-lhe oferecida por nós —, essa fadiga leva-nos ao âmago da religião.

* * *

O melhor testemunho que podemos dar a Deus do nosso amor é ir até ao limite das nossas forças no cumprimento do dever. A dádiva mais completa e, ao mesmo tempo, mais humilde é a de oferecermos logo pela manhã as nossas fadigas do dia, que são a continuação das da véspera, e dizer: "Senhor, eu não sei se procedi sempre bem, mas, pelo menos, não perdi o tempo. Aceitai a minha fadiga".

Se a fadiga impede que nos consagremos totalmente aos deveres familiares ou que nos entreguemos a obras de apostolado, podemos estar certos de que Deus se encarregará daquilo que não podemos fazer e de que, se não podemos socorrer nós mesmos um doente ou um pobre, Deus enviar-lhe-á alguém que o ajude mais do que nós. Bendita fadiga que nos ensina a não querer fazer tudo sozinhos, a contar primeiro com Deus, e a suprir a nossa impotência com uma oração ardente.

Escola de humildade, a fadiga estreita os laços da fraternidade entre os homens. Se todos somos, em maior ou menor medida, pessoas cansadas, não será para que — como aconselha São Paulo (cf. Gl 6, 8) — levemos os fardos uns dos outros? Um dia, somos nós que aliviamos o próximo. No dia seguinte, recorremos à sua ajuda. E dessa maneira amamo-nos mais uns aos outros.

Benfazeja ainda a fadiga porque nos convida ao desprendimento, porque nos priva de realizar o que gostaríamos, porque multiplica as ocasiões de penitências escondidas para repararmos o que houve de culpável ou de insuficiente nas nossas ações passadas.

Mas viver com o nosso cansaço não quer dizer que não tenhamos de tomá-lo em consideração e estejamos obrigados a ir até ao limite das nossas forças. Quantas imprudências não se cometem em nome de um princípio generoso em si! Quantos órfãos não são vítimas da coragem mal compreendida das suas mães! Quantas viúvas não têm de sofrer as consequências do trabalho excessivo que lhes arrebatou prematuramente o marido!

Viver com a fadiga própria é aceitá-la, mas é também tê-la em consideração. Devemos saber imitar o Filho do Homem. Quando fatigados, devemos saber sentar-nos, moderar a nossa atividade dedicando-a apenas às obrigações que realmente Deus nos prescreve, a fim de não cairmos — por falta de medida — num desses abatimentos físicos ou comoções nervosas que paralisam definitivamente toda a nossa atividade, ou nos conduzem a um estado de irritação e de mau-humor que comprometem a nossa ação e nos tornam insuportáveis aos outros.

Viver com fadiga é, sob esta reserva, aceitar valentemente a vida que Deus nos dá, os deveres de que a preenche, e as fraquezas a que nos submete. É nunca murmurar da nossa impotência, é cansarmo-nos a viver sem nunca nos cansarmos da vida.

De resto e a despeito das aparências contrárias, as fadigas que Deus permite não são nunca estéreis. Enquanto Jesus, reclinado junto do poço, cerra as pálpebras cansadas, fatigado de andar sem ter podido trabalhar, uma mulher, que vem buscar água, avança através dos campos. Jesus reabre os olhos e lê na alma da pecadora. O Pai dos céus abençoou-lhe essa fadiga e envia-lhe trabalho, uma criatura que levantar, uma alma que salvar.

Somente na outra vida saberemos a quantos homens conseguimos a salvação pelas nossas fadigas oferecidas a Deus, e como as nossas forçosas inatividades, bem como os nossos sofrimentos, foram mais eficazes para o próximo do que os nossos serviços efetivos. É por isso que, diante de Cristo fatigado, de quem a pecadora se aproxima, devemos pensar em tudo o que Jesus passou para nos salvar.

Não foi somente com as torturas da sua paixão que Ele nos resgatou: começou a sua obra redentora na mesma hora em que se fez carne, através dos débeis vagidos que ecoavam no estábulo de Belém. E continuou na oficina de Nazaré e a partir do momento em que iniciou a sua vida pública, pregando e cansando-se por nós antes de morrer por nós. Resgatou-nos aceitando como nós as misérias quotidianas da vida.

Desta maneira, podemos repetir com a Igreja estas palavras recolhidas na sua liturgia: "Procurando-me, sentaste-te cansado" (Hino *Dies irae*). À nossa procura, cansou-se até não poder ter-se em pé. Nós mesmos contribuímos para o seu cansaço, com as nossas promessas tão depressa esquecidas, com as nossas faltas reiteradas depois dos seus perdões, com as nossas negligências sem número, com as nossas resistências a segui-lo, com os nossos assomos e explosões de amor-próprio. Mas Ele cansou-se e não se cansou. Não se cansa nunca de nos chamar, de nos esperar e de nos amar!

"Não seja inútil tanto trabalho!"

Senhor, não permitais que, à minha procura, vos tenhais cansado inutilmente...

ENCONTROS PROVIDENCIAIS

"Veio uma mulher da Samaria tirar água."

(Jo 4, 7)

"Uma vez que se encontrou Cristo — escreveu Lacordaire —, a embriaguez nunca mais acabou em nós".

Lembras-te do dia em que o encontraste pela primeira vez? Mas a pergunta está sem dúvida mal feita, porque, cada vez que o encontramos, parece-nos que é a primeira vez, de tal modo Ele nos parece novo em cada encontro.

Um dia, é a sua luz que nos deslumbra; outro, é a sua pureza que nos seduz; mais tarde, é a amplitude do seu perdão que nos confunde. E que diremos dos encontros na Ceia eucarística, em que se dá a cada um de nós por inteiro, e em que nós tentamos dar-nos a Ele sem reservas? E dos encontros nos nossos caminhos dolorosos, quando depois de nos ter carregado com a sua cruz, Ele nos diz: "Confirma os teus irmãos"? (Lc 22, 32).

Verdadeiramente, para não o encontrarmos, teríamos que fazê-lo de propósito, porque Ele declarou: "Eis que Eu estou convosco todos os dias até ao fim do mundo" (Mt 28, 20).

Mais de um pecador convertido se emocionou ao reconhecer a sua própria história na do encontro com a Samaritana junto do poço de Jacó. E não somos todos nós "pobres pecadores", e sempre a caminho de nos convertermos?

Mas o ensinamento que Cristo nos oferece aqui ultrapassa a hora em que Ele sabe encontrar o caminho dos nossos corações para fazer nascer neles o arrependimento. Descobre-se aos nossos olhos encantados nos encontros misteriosos com a sua graça, naqueles de que nós somos o objeto e naqueles em que devemos também ser o seu instrumento.

* * *

Aparece uma mulher da Samaria. Enquanto Jesus, fatigado, descansa, a Samaritana dirige-se ao poço com um passo desembaraçado, o vestido soerguido por um cinto de linho. Traz o cântaro inclinado sobre o ombro, e com o andar tilintam-lhe os braceletes e os colares. Precede-a um perfume de canela e de cassa, e os seus olhos, delineados com "khôl", cruzam-se com o olhar do estrangeiro sentado à beira do poço.

Vinha buscar água. Quantas vezes teria já feito esse trajeto, que era uma das suas ocupações diárias! Em que pensaria? Provavelmente nas modestas obrigações do seu lar. Manifestaria alguma curiosidade pelo aspecto do viajante de quem se aproximava? Seja como for, pensa em tudo menos naquilo que a espera. Não lhe passa pela cabeça, pobre avezinha, que vai ficar presa nas redes do divino caçador. Bem diz o ditado que, quando se sai de casa, nunca se sabe como se vai voltar a ela. O encontro com um desconhecido não era coisa que a assustasse, mas poderia a pecadora imaginar que desse encontro sairia purificada?

Quem é então o invisível diretor de cena que regula assim as nossas saídas e entradas? Por que saímos de casa a tal hora e não a outra? E por que, ao sair, viramos à direita e não à esquerda? Um atraso de quinze minutos faz-nos perder uma ocasião magnífica de ganhar uma fortuna. Um incidente imprevisto pode ser o ponto de partida de uma preciosa amizade. Por uma questão de segundos evitamos um acidente, e de uns segundos também pode depender o descaminho de um homem até então honesto. Na vida de todos nós houve encontros que foram definitivos: para nosso bem ou para nossa desgraça.

Veem-se pessoas que se julgam sábias e que asseguram que as nossas existências estão simplesmente submetidas ao acaso, sem refletirem que chamar-lhes acaso é confessar a nossa incapacidade de encontrar qualquer explicação. Para um cristão, o acaso não existe. O incompreensível emaranhado dos homens e das coisas não escapa à providência dAquele que ordena o curso dos milhões de astros.

Mas surge outra dificuldade. Se dizemos que a vigilância do Pai dos céus quis que naquele dia, por volta do meio-dia, a Samaritana encontrasse junto do poço o Salvador que devia iluminar o seu espírito e libertar a sua carne, não acharemos que a providência divina faltou das outras vezes em que a infeliz se encontrou com um cúmplice?

A ocasião faz o ladrão. Faz também o herói. A queda de uma maçã num campo fez o sábio descobrir a gravitação universal. Uma simples ocasião pode mudar um pecador em santo, como de um justo pode fazer um pecador. O que é então a ocasião? Será que andamos por um caminho bordejado de espigas maduras e de frutos venenosos, para colhermos uns ou outros conforme os impulsos inconscientes da nossa natureza? Não dominamos a ciência do bem e do mal. Um mesmo acontecimento pode ser ocasião de bem ou de mal. Na mesma noite, na mesma rua do Trastévere, passam dois homens: um jovem romano cai na cilada que lhe armaram, e Inácio de Loyola decide abrir um asilo para reabilitar os miseráveis. A mesma ocasião revela o pecador e o santo.

Podemos assim compreender a súplica que Cristo pôs nos nossos lábios, no Pai-Nosso: "E não nos deixeis cair em tentação". As circunstâncias de cada dia constituem um tal perigo, que pedimos ao Pai dos céus que tenha em conta a nossa fraqueza, que desperte a nossa atenção, que dirija os nossos passos, que nos agarre por um braço e, de um modo ou de outro, nos afaste o perigo.

"E não nos deixeis cair em tentação". Porque o Pai vela por nós. Assim como as quedas repetidas de uma criança que começa a dar os primeiros passos não cansam a sua mãe, que a toma nos braços para voltar a pô-la de pé, assim as nossas quedas morais, mesmo as mais tristes, não fazem desanimar o Pai que nos ama. Deus respeita a nossa liberdade, mas não nos deixa entregues à nossa incapacidade: vela pelo pecador. Não pode impedir que a ocasião seja perigosa, mas também ninguém o impedirá de suscitar a ocasião que pode transformar para sempre o coração de um Santo Agostinho, de um São Paulo ou de uma samaritana.

Devemos ter confiança em Deus, que nos conduz no meio de todas as nossas idas e vindas. Se algum encontro nos foi funesto, sem dúvida que não é tanto o encontro que teremos de maldizer, mas a nossa fraqueza ou a nossa imprudência. Não teria o pecador que nos arrastou, não teria ele sido posto no nosso caminho para que o levantássemos? E, à noite, ao passarmos em revista as horas do dia, porventura lembramo-nos de abençoar os bons encontros que tivemos e de os agradecer a Deus? Se tivermos tudo isto em conta, não passará um só dia em que, sob uma forma ou outra, não encontremos o rasto de Deus.

* * *

Aparece uma mulher da Samaria que vem buscar água.

Ponhamo-nos no seu caso: com certeza a infeliz nunca teve a menor intenção de se converter. E a cerrada discussão que entabula logo com Jesus não se parece nada com uma confissão. Mas, no fundo, que sabemos nós ao certo? Sabemos por acaso o que pode passar-se na consciência de um descrente, ou de um pecador, por muito instalado que pareça no seu gênero de vida?

Seria conhecer mal a natureza humana pensar que um pecador que julgamos endurecido não sofre com o seu estado. De uma queda para outra, não terá ele ficado nenhuma vez desgostoso de si mesmo? Não terá tentado reerguer-se, ou, pelo menos, levantar-se um pouco da sua habitual miséria? Mas nenhuma mão lhe foi estendida para o ajudar.

E a quem que diz: " Eu não vejo Deus", por que acusá-lo de orgulho? Declara-se incrédulo, mas estará ele próprio bem convencido da sua descrença? Continua talvez a procurar, embora pelo lado errado: não encontrou ainda o caminho que leva à luz e por isso continua a negar a luz. Mas o sofrimento de quem procura a verdade, como a dor de quem anseia pela virtude, são já oração que Deus ouve, e à qual no dia menos pensado dá uma resposta vitoriosa.

É por isso que não nos deve surpreender a conversão da Samaritana, achando que apresenta a salvação de uma forma muito fácil. Ignoramos as lutas que se travam no coração daqueles que se mostram afastados de Deus... O que é certo é que, por muito inconsciente, por muito fraco e hesitante que seja o apelo que palpita neles, Deus escuta-o sempre. Escuta-o e revela-se Ele mesmo, unicamente Ele. Esta é a razão pela qual devemos confiar cegamente na salvação dos pecadores e dos descrentes.

Imaginemos que uma piedosa matrona, dali de Sicar, cheia de dó pela Samaritana, tivesse tido a ideia de convidá-la ao arrependimento, aconselhando-a a ir visitar um rabino renomado de Garizim. E a ideia teria sido bem acolhida! Por quê? Porque talvez a pecadora contasse com as orações da mãe por ela, ou porque houvesse, no meio dos muitos vizinhos que se indignavam com a sua conduta, uma ou duas almas verdadeiramente religiosas que sofreriam com isso, mas que só o diriam a Deus...

Por vezes, não somos suficientemente prudentes nas nossas tentativas de trazer determinadas pessoas para a fé ou para a prática da religião. Tecemos em volta delas manobras piedosas que acabam por exasperá-las e agravar ainda mais a sua insubmissão.

Temos de evitar confiar apenas em conversas bem montadas, que por vezes pecam quanto mais não seja pela falta de naturalidade. E mesmo que não fracassem, não têm o valor de quem crê na providência divina e nos encontros aparentemente casuais. Não é cem vezes preferível rezar durante muito tempo, com confiança, por aqueles que nos preocupam? Porque pode ser que de repente, sob a ação da graça, numa volta do caminho, essas pessoas reconheçam Cristo... Por que são tantos os católicos cheios de zelo que, no entanto, se comportam como se não acreditassem na graça e na eficácia da oração?

* * *

"Aparece uma mulher da Samaria"... E estas breves palavras podem sugerir-nos que ia ao poço diariamente.

A vida de todos os dias pode oferecer-nos mil encontros, a maior parte deles imprevistos. Temos de preparar-nos para o imprevisto. Não devemos ficar paralisados diante da ocasião, nem deixar escapar a oportunidade que oferece.

No encontro inesperado, há talvez um risco. Iremos dizer a palavra exata ou, pelo contrário, a inoportuna? Prevendo esse risco que nos espreita, Cristo aconselha-nos a aliar a simplicidade da pomba à prudência da serpente. A mão estendida, sim, mas os olhos sempre abertos para acertar com a atitude e as palavras adequadas.

Mas, ao lado dessas situações de risco, quantos encontros úteis poderemos ter! Sabemos tirar deles todo o partido? Num contacto ocasional com as pessoas, sabemos aproveitá-lo para inquietá-las espiritualmente e frequentemente elevá-las? Se elas nos chegam a abrir a sua alma, fecharemos a nossa? Nunca sabemos se se repetirá uma ocasião perdida.

A todos nos tem acontecido experimentar uma pronta simpatia por um desconhecido que se senta ao nosso lado numa viagem de avião ou mesmo no ônibus. O mais natural é que não o voltemos a ver e digamos para conosco que é uma pena, já que tínhamos sintonizado um com o outro a propósito de temas fundamentais da vida, e gostaríamos de continuar a conversa. Não teremos fé suficiente para trocarmos os nossos cartões de visitas e marcarmos um novo encontro, que pode dar sequência a esse primeiro encontro "casual", isto é, providencial?

Mas também em relação àqueles que a Providência deixa mais tempo junto de nós, também em relação a esses não devemos furtar-nos a uma troca de ideias, que não só nos permitirá adquirir um pouco das riquezas de ideal, de observação e de experiência do nosso interlocutor, mas igualmente comunicar os nossos próprios tesouros. É neste aspecto que o exemplo de Cristo é instrutivo, porque sublinha um dever permanente que incumbe a todos os cristãos.

Afinal, Jesus, extenuado como estava, tinha todo o direito de repousar. Se Ele se tivesse calado diante da Samaritana, a sua graça poderia tê-la encontrado mais tarde, mas nós teríamos sido responsáveis por esse adiamento. No capítulo precedente, São João relata-nos a entrevista do Mestre com Nicodemos. Esse homem roubou-lhe a noite, assim como a Samaritana vai privá-lo do benfazejo descanso da tarde. Mas não é para Jesus o melhor dos descansos dar a paz a uma alma que duvida e reconciliar uma pecadora com Deus?

Nenhum encontro deveria ser estéril para aqueles que se aproximam de nós. Temos sempre qualquer coisa que dar: um pouco de alegria e muita esperança, um pouco de verdade e muita humildade, um pouco de coragem e muita paciência. Nós, os cristãos, temos sempre Alguém para dar. Podemos dar da nossa fé tudo quanto os outros podem receber. Mesmo que não se identifiquem inteiramente com as nossas crenças, podem beneficiar-se da nossa vida limpa, da retidão da nossa conduta, e por aí Jesus Cristo os atinge.

É conhecida esta bela definição de cristão: "Verdadeiro cristão é aquele que desperta nos outros a vontade de sê-lo". Se a nossa serenidade, a nossa simplicidade e a nossa caridade levarem os outros a indagar de onde nos vem a nobreza do nosso caráter e acabarem por descobrir Cristo como a chave do nosso comportamento, ter-lhes-emos dado muita coisa sem preço no decurso dos nossos encontros.

É por isso que deve existir sempre em nós a resolução de não deixar partir no mesmo estado em que as encontramos as pessoas que se cruzam conosco. É preciso que, à despedida, se sintam, se não já melhores, pelo menos um pouco mais esclarecidas sobre a causa da nossa afabilidade. E com mais razão aquelas que convivem conosco.

O PRIMEIRO PASSO

> *"Veio uma mulher da Samaria tirar água. Pediu-lhe Jesus: «Dá-me de beber»."*
>
> (Jo 4, 7)

A pecadora que avançou até o poço é uma mulher da Samaria. Ora, Jesus "só foi enviado às ovelhas perdidas da casa de Israel" (Mc 15, 24), e quando, depois de ter escolhido os doze, os enviar a pregar o Evangelho, dois a dois, recomendar-lhes-á que não entrem nas cidades dos samaritanos (cf. Mc 10, 5). Irá então abandonar essa mulher à sua triste escravidão?

Esta, por sua vez, reconheceu — certamente por qualquer pormenor do vestuário — a nacionalidade do viajante que descansava junto do poço: era um judeu. Mas "os judeus não têm relações com os samaritanos" (Jo 4, 9), e, em presença do inimigo hereditário, o mais prudente era, sem dúvida, guardar silêncio.

Tudo, pois, levava a crer que nenhuma conversa se travaria entre Jesus e a mulher. Efectivamente, não trocam uma palavra, nem sequer um gesto de saudação. A Samaritana prende o cântaro na corda do poço, fá-lo descer e depois puxa-o para cima até à borda. Quando já se dispunha a carregá-lo ao ombro, ouve o apelo do estrangeiro: "Dá-me de beber". Jesus foi o primeiro a romper o silêncio.

* * *

Não nos deve admirar que seja sempre Deus quem toma a dianteira, quem dá o primeiro passo. O contrário é que seria inconcebível. À criatura que não pediu para viver, Deus faz pressentir a sua existência, faz-se desejar por ela para satisfazer em seguida os desejos que inspirou.

Quando tivermos repetido até à exaustão que a raça humana poderia não ter existido, que Deus teria podido perfeitamente passar sem ela, que não se vê por que motivo no plano da criação o nosso minúsculo planeta ocupou um lugar primordial, teremos sempre que voltar à realidade e tentar compreendê-la: a nossa existência é a prova do Ser essencial. Dentre toda a Criação, à parte os anjos, o homem é o único ser que se assemelha pela sua inteligência à sabedoria criadora, e embora as outras criaturas possuam algum reflexo da inteligência divina, unicamente o homem possui a noção do Bem, e por isso pertence a uma ordem da criação diferente da de todas as outras: a ordem moral, onde pode encontrar Deus.

O salmista exprimia assim a sua admiração: "Que é o homem para que te lembres dele? Que é o filho do homem para que cuides dele? Fizeste-o só um pouco inferior aos anjos, coroaste-o de glória e de honra" (Sl 8).

Talvez não tenhamos o sentimento vivo das delicadezas de Deus para conosco. Talvez esse sentimento não nos penetre com toda a força quando dizemos a oração que Jesus nos ensinou: "Pai nosso que estais nos céus". O Criador dos lírios e das aves é para nós mais que um criador: é o nosso Pai, e nós somos seus filhos, participamos da sua natureza. Na terra, só estamos de passagem: a nossa verdadeira pátria, a nossa casa paterna é lá onde a infinidade do nosso Pai se desdobra no seu esplendor: "Aqui nós procuramo-lo às apalpadelas" (At 17, 27), distinguimo-lo unicamente através das deformações de um espelho (cf. 1 Cor. 13-12), divisamo-lo através de um véu. Mas chegará um dia em que o véu se rasgará, o espelho se quebrará. Tornar-nos-emos então semelhantes a Ele porque o veremos tal como é (cf. Jo 3, 2).

Este pensamento deve dar-nos imensa tranquilidade, porque nos fará contemplar as vicissitudes, os cuidados, os temores da hora presente reduzidos à sua ínfima proporção em relação com o nosso verdadeiro destino. E, ao mesmo tempo, levar-nos-á a pôr entusiasmo na luta por alcançar esse destino com todas as nossas forças.

Deus ajuda-nos poderosamente a consegui-lo. As suas delicadezas não têm conta. Pelo mistério da Encarnação, o Espírito eterno deu o passo que o liga à nossa humanidade. É, numa escala imensamente superior, o "dá-me de beber" do poço de Jacó.

Mas vejamos. O Filho de Deus não dá o primeiro passo como um conquistador que se impõe, mas como alguém que pede auxílio. Podia ter aparecido à maneira do primeiro Adão, mas preferiu pedir à Virgem Maria, à mais santa de todas as mulheres, um corpo como o nosso. Em Belém, nesse mundo que afinal é o seu, procura um lugar: vem até nós e pede-nos que o recebamos. É como o pai da parábola que corre ao encontro do filho arrependido, mal o reconhece ao longe; e quando o virtuoso filho mais velho, escandalizado com o acolhimento feito ao irmão culpado, não quer entrar em casa, é ainda o pai que sai para pedir-lhe que venha participar da festa.

Jesus não cessa de dar o primeiro passo. Para converter Zaqueu, começa por pedir-lhe hospitalidade. Quando está prestes a transformar a Ceia pascal num rito que perpetuará a sua presença entre nós, parece pedir desculpas por ter imaginado um dom tão alto, e fazê-lo mais por Ele que por nós: "Desejei tão ardentemente comer esta páscoa convosco!" (Lc 22, 15).

Assim no-lo mostra a história, assim é Ele para cada um de nós. Foi sempre Ele o primeiro a romper o silêncio. O pecador embriagado com as alegrias efêmeras da sua desobediência não pode depois recordá-las e saboreá-las sem que o remorso o torture. Esse homem que só pensa em triunfar na vida e aquele outro que se regala com o luxo das suas riquezas não souberam arranjar tempo para orar: pouco a pouco, desabituaram-se disso. Mas a indiferença em que vivem é subitamente quebrada por um repicar de sinos à hora do Ângelus, por uma primeira Comunhão solene a que assiste, pelo retrato da piedosa mãe falecida. É Deus, ainda desta vez, quem dá o primeiro passo. Assim como sacode as nossas tibiezas, estimula as nossas generosidades. Chama-nos um dia ao apostolado, mais tarde ao sacrifício, mas sem nunca nos constranger! *Si vis...* Se queres... Ele pede.

E quando satisfazemos os seus desejos — pela renúncia, pelo equilíbrio de uma vida purificada e repleta de uma nova fecundidade, pelo dom de nós mesmos aos nossos irmãos —, reparamos que obtivemos para os outros e para nós mesmos um galardão que compensava infinitamente todos os nossos sacrifícios.

Pelo gole de água fresca que pede à Samaritana, Jesus fará com que a invadam as torrentes da graça que lavarão a sua consciência e transformarão a sua sede de deleites carnais em desejos de eternidade. Ele primeiro pede, mas depois dá sempre mais do que pede. E, ao pedir-nos alguma coisa, é já um dom que nos faz.

* * *

"Dá-me de beber". É a uma inimiga que Jesus pede dessa maneira. A mulher admira-se, faz-lho notar. Mas, para Jesus, essa terrível palavra "inimigo" não tem nenhum sentido. Não demorará o momento em que subirá ao monte das Bem-
-aventuranças para gritar ao mundo que o cristão

não é inimigo de ninguém! Mas, depois de vinte séculos, o mundo ainda não compreendeu..., nem mesmo todos os cristãos.

De que modo podia Ele convencer pelo menos essa estrangeira de que só sentia por ela benevolência? Se um de nós se encontrasse no seu lugar, desejoso de abolir um velho ódio sem razão de ser, que teríamos feito? Para mostrar as nossas boas disposições, ter-nos-íamos levantado à chegada da Samaritana, oferecer-nos-íamos para pegar no balde e lançá-lo ao poço para lhe poupar o trabalho de tirar ela a água... Teria sido a mais acabada falta de jeito! A mulher teria respondido friamente que nos dispensava dessa atenção e que estava habituada a tratar das suas obrigações sozinha. Depois disso, não teríamos tido outro remédio senão ir-nos sentar um pouco mais longe.

Jesus foi mais clarividente. Poderia objetar-se que teria sido chocante ver o Mestre aproximar-se precipitadamente dessa criatura para lhe tirar o cântaro das mãos. Eu também penso assim, mas não por achar que haveria nesse gesto qualquer coisa de humilhante para o Senhor. Ele humilhou-se muito mais quando quis lavar os pés aos seus Apóstolos. Aqui Jesus sabia qual teria sido a reação da mulher ao seu ato cavalheiresco, como sabia que qualquer antecipação imprudente poderia ter deitado tudo a perder.

Assim, em vez de prestar-lhe ajuda, é Ele que lhe pede um serviço: "Dá-me de beber". Eis a feliz descoberta divina! Negaria ela um pouco de água ao viajante crestado pelo sol do meio-dia? O "adversário" que nos solicita um favor desarma-se: pelo menos fica-nos obrigado, permite-nos que tenhamos vantagem sobre ele. Temos de penetrar até ao fundo as intenções do Mestre. Em vez de dizer àquela que se julga detestada: "Mulher, deixemos de lado os agravos atávicos; eu só te quero bem", indica-lhe a maneira de ser boa para com Ele. E não será fazer bem a outra pessoa levá-la a ser boa?

É preciso adotar o modo de proceder de Cristo para acabar com os miseráveis ressentimentos que nos dividem, entre parentes, entre amigos, entre vizinhos.

"Já não nos falamos — ouve-se dizer muitas vezes —, e é melhor assim". Não, não é melhor, porque o silêncio imobiliza e consolida o mal-entendido. Se deixarmos o cimento endurecer, depois dar-nos-á muito mais trabalho quebrá-lo. É melhor falar. Mas é preciso ver de que maneira. A melhor maneira é a que Jesus usa. Mais tarde, vem-se a compreender. O diálogo com a Samaritana começa com dificuldade, mas tudo se esclarecerá. Primeiro é preciso lançar a ponte, recompor o fio partido, e, para isso, falar de coisas que nem de longe se relacionem com as que deram lugar ao desentendimento.

E se nos acontece multiplicar para com alguém os serviços e benefícios, para só recolher em paga das nossas delicadezas indiferença e mesmo ingratidão, mudemos de tática. Como fez Jesus, peçamos-lhe um favor. À pessoa que julgamos não ter as melhores disposições para conosco, ofereçamos-lhe, não obstante, a ocasião de nos ser útil.

Será isso rebaixar-nos?

Quando se trata de extinguir um ódio ou de obter uma reconciliação, quem toma a dianteira, longe de se rebaixar, engrandece-se. E se for verdade que aquele que nos tem aversão foi o verdadeiro e único culpado, peçamos-lhe que nos preste um serviço e assim não só lhe testemunhamos que esquecemos tudo, como lhe permitimos que se reabilite aos seus próprios olhos.

* * *

Cristo não sabe o que é um inimigo, mas sabe o que é o pecado. Na véspera do grande drama, não poderá suportar o horror que o pecado lhe causa, e o jardim de Getsêmani será testemunha do desgosto e do sofrimento que lhe causa a perversidade dos pecadores. Mas, se treme, é mais por nós do que por Ele, pois sabe que o pecado é a nossa maior desgraça, e a sua misericórdia impele-o para o pecador que quer salvar.

Mas é preciso ainda que o coração deste não lhe recuse a entrada. Como introduzir a verdade numa consciência que o hábito do mal obscureceu? Poderemos sequer mencionar o nome de Deus a alguém que viva à margem das suas leis?

A pecadora da Samaria estava talvez nesse ponto. Jesus quer que ela se arrependa e se volte para Deus, mas não começa por falar-lhe das suas faltas, nem por pronunciar o nome dAquele a quem ofendeu. É por isso que lhe diz: "Dá-me de beber".

Solicita-lhe um ato de caridade, de uma caridade por certo muito humana, e é um pequeno ato de piedade que vai aproximá-la de Deus. No fundo dessa alma em pecado, por baixo de uma vida desregrada, de que a pobre sem dúvida não é a única responsável, há ainda bons sentimentos. São estes que Jesus desperta. A psicologia de Cristo nunca erra. Nada teria lucrado em repreender imediatamente a mulher por andar há tanto tempo desencaminhada. Mas vai ganhá-la lembrando-lhe que, apesar de tudo, tem bom coração e que, se fez muito mal, ainda é capaz de fazer algum bem.

Temos de aprender de Jesus a arte tão difícil de penetrar nas almas que parecem hermeticamente fechadas à graça divina. Querer forçar a entrada numa consciência seria expor-se a vê-la fechar-se para sempre... Mas a quem não poderemos repetir o "Dá-me de beber" do Salvador? Para preparar ou para apressar o retorno a Deus de uma alma, é preciso oferecer-lhe ocasiões de fazer numerosos atos de caridade: assim a colocamos no caminho da verdade. Não há dúvida de que livros sólidos ou doutores persuasivos podem resolver em parte as dificuldades intelectuais. Mas não se chega a Deus apenas pela razão. Ele quer vir ao nosso encontro na nossa própria vida. O que Ele quer mudar é a nossa vontade.

Ora, na medida em que ajudamos uma pessoa a fazer o bem, ajudamo-la a dominar o seu egoísmo, o único obstáculo que a separa de Deus. Quem é caritativo já começa a viver como cristão; não pode deixar de admirar Jesus, modelo de caridade, e já o ama efetivamente. O amor manifestado em boas obras é uma aproximação à comunhão eucarística. Quem realiza já o grande preceito da fraternidade humana não está longe de adorar o Pai dos céus.

Para todos aqueles a quem procuramos levar a Deus, o caminho mais seguro é, pois, o da caridade, o do dom material que os vai desprendendo de si mesmos. É o do perdão das ofensas que lhes fazem e que os leva a obter o perdão divino. É o da bondade, da paciência, da generosidade, que os faz respirar na atmosfera de Deus, onde não tardarão a encontrá-lo.

BARREIRAS

> *"Aquela samaritana lhe disse: «Sendo tu judeu, como pedes de beber a mim, que sou samaritana!...» (Pois os judeus não se comunicavam com os samaritanos)."*
>
> (Jo 4, 9)

O viajante sedento pediu um pouco de água fresca. O gesto instintivo da mulher teria sido ou aproximar-lhe o cântaro ou então voltar-lhe as costas. Mas como boa aldeã, não recusa nem consente; primeiro, tem que satisfazer a curiosidade fazendo falar esse estrangeiro e fazendo notar ao inimigo hereditário que, por vezes, ainda se tem necessidade desses malditos samaritanos: "Eu pensava que os judeus não tinham relações com os samaritanos..."

"Não têm relações". É a última palavra das antipatias coletivas: a que dispensa todas as explicações.

Por que, mulher da Samaria, os dois povos se detestam? Apenas porque se detestaram sempre. Está dito tudo. Sete séculos atrás, a terra da Samaria tinha sido conquistada por Salmanasar e repovoada por colonos vindos das cidades assírias. Com o decorrer do tempo, esses colonos pagãos tinham adotado a religião e os costumes dos habitantes locais. Mas, no regresso do cativeiro da Babilônia, os verdadeiros israelitas recusaram-se a reconhecer nessa população amalgamada a raça do povo de

Deus. Excomungados, os samaritanos ripostaram levantando sobre o monte Garizim um templo rival do de Jerusalém: injúria e impiedade supremas!

Observemos, porém, a frase: "Os judeus não têm relações com os samaritanos". O que se deixa entrever nesta frase é a convicção de que o erro vem da intransigência do adversário. A Samaritana nunca procurara averiguar se não tinha sido o seu povo que provocara a cólera do vizinho: eram os judeus que não queriam ter relações com o seu povo. Tanto por parte dos samaritanos como dos judeus, não se duvidava das más disposições do campo contrário.

Hoje, não estamos em condições de avaliar a audácia de que Jesus deu provas ao contar a parábola do bom samaritano. Aliás, quando no fim interroga o escriba: "Qual dos três te parece ter sido o próximo daquele que tinha caído nas mãos dos ladrões", o escriba recorre a um circunlóquio: "Aquele que usou de misericórdia com ele". Por nada do mundo teria manchado os lábios para dizer: "Foi o samaritano". Não têm relações. Nem sequer se pronuncia o nome dessa gente. A Samaritana está bem persuadida de que, se esse viandante judeu pôs de parte o orgulhoso desdém dos seus compatriotas, foi apenas porque tinha sede. Não lhe passa pela cabeça que Jesus veio precisamente para derrubar as barreiras ao abrigo das quais os homens se odeiam. O Mestre ainda não tinha pronunciado aquelas palavras que iriam enfurecer os sábios: "E eu vos digo: amai os vossos inimigos..." (Mt 5, 44).

* * *

Por que será que já antes, mas sobretudo depois da mensagem de Cristo, os homens continuam a encerrar-se em partidos contrários que se desafiam uns aos outros e têm reciprocamente as piores intenções? Cristo morreu para reconciliar a humanidade com Deus, o que implica que os homens se reconciliem entre si: terá corrido inutilmente o sangue divino? Na oração que se seguiu à Ceia, Jesus teve o cuidado de marcar bem as intenções do seu sacrifício: que os seus discípulos fossem como um só, unidos entre si, como o Pai e Ele eram um só. A sua oração, como o seu sangue, não deveriam inundar o mundo de uma irresistível corrente de caridade?

Por outro lado, não terão os homens toda a vantagem em entender-se, em fazer concordar os seus esforços, em chegar a conciliar os respectivos interesses? Dividindo-se, trabalham contra si próprios. Quem é então que põe obstáculos à vontade de Deus e ao justo desejo do homem?

A esta pergunta, Jesus responde na explicação da parábola do joio, onde nos aponta sob os traços do inimigo o espírito do mal, que se aproveita do sono das pessoas da casa para semear grãos de joio no meio da sementeira do trigo. A ação invisível do semeador de cizânia impede continuamente o progresso da caridade, porque não se pode dizer que, geralmente, seja a maldade que impede a união entre os homens. É verdade que existem malvados e que muitas vezes são hábeis. Mas constituem a exceção. A maior parte das pessoas, grupos ou nações detestam-se com tal boa-fé e com tal certeza de terem o direito do seu lado e de estarem dentro da verdade, que somos obrigados a reconhecer a presença de um fator de desunião que escapa ao próprio controle dos que disputam... "Enquanto eles dormiam, veio o inimigo e semeou joio" (Mt 13, 25).

O êxito do semeador de cizânia é particularmente expressivo porque a semente nociva foi lançada de um modo simples. Para que um agrupamento deteste outro, basta que, sendo vizinhos, se desconheçam. Vizinhos no espaço, ou pelas doutrinas, ou porque prosseguem um mesmo fim, encontram-se expostos a conflitos de interesses, de ideias ou de métodos. Seria fácil reconciliar-se, mas em vez de tenderem a uma compreensão recíproca, isolam-se sistematicamente uns dos outros. "Não têm relações". Não se falam: portanto, jamais se entenderão.

A barreira da falta de comunicação está na porta que fechamos a parentes próximos, em casas geminadas ou terrenos contíguos que dão lugar a implicâncias mútuas, na concorrência que arruína dois comerciantes do mesmo ramo, nas barricadas levantadas entre as classes sociais. Aqui, a diferença de posições, seitas ou credos religiosos serve de pretexto à violência, ao ódio, ao extermínio; acolá, os cristãos de um mesmo país entregam-se a lutas políticas que desgastam a nação. As diferenças de raça, de língua, de mentalidade que distinguem as nações agravam-se com as barreiras alfandegárias, os cercos económicos, os empecilhos ao livre trânsito das pessoas de bem. A lembrança de conflitos passados impede os povos de se aproximarem e criam um clima de desconfiança e receio mútuo...

"Não têm relações". Eis-nos encurralados no mais estúpido dos paradoxos: numa época como a nossa, em que os progressos científicos oferecem facilidades inauditas de comunicação e de conhecimento, uma inesperada reação de individualismo leva as raças, os povos, os partidos, a encolher-se ainda mais dentro de si mesmos.

* * *

Entrincheirados por detrás das suas barreiras, ouvirão por fim os homens o chamamento de Jesus à estrangeira? Poderemos admitir friamente que o ódio fratricida só desaparecerá com a humanidade? Vamos então esquecer que Jesus Cristo nos encarregou de continuar a espalhar a caridade pelo mundo, que depois dEle é a nós que nos compete suprimir os tabiques levantados entre os homens para os levarmos a conhecer-se e unir-se?

Cada um de nós pode abrir uma brecha na muralha que lhe esconde o seu semelhante. Em vez de acrescentarmos uma nova pedra às torres de Babel em que vivemos, podemos todos os dias tirar uma, se em todas as circunstâncias estivermos animados pelo espírito de Cristo, se nos esforçarmos por ser em toda a parte os artífices do entendimento entre os homens, se começarmos por não duvidar da eficácia da divina virtude da caridade, em vez de repetir que o ódio habitará sempre no coração dos homens.

Para conseguir que os homens se entendam, basta muitas vezes dar-lhes ocasião de se conhecerem. Os homens da minha idade recordam-se de que, no tempo da nossa juventude, o estrangeiro que se nomeava como inimigo hereditário era o vencedor de Waterloo. Mas líderes com mais clara visão das coisas souberam aproximar os dois povos, que bem depressa esqueceram os seus agravos de outrora.

Não são, portanto, sonhadores aqueles que, como os Soberanos Pontífices, acreditam na possível aproximação dos povos, porque acontece que as barreiras que se julgam insuperáveis são abatidas.

Fiquemos pelas lições da história. O século XIX erigiu uma espessa muralha entre o mundo do capital e o do trabalho, fazendo de duas forças que tinham necessidade uma da outra duas potências inimigas. De um lado a desconfiança, do outro a inveja: de um lado e do outro, a incompreensão recíproca. Não haveria solução para essa luta senão pela força?

Seria um título de glória do Papa Leão XIII ter tido a audácia de dar um dos primeiros golpes nessa muralha ofuscante. Depois dele, os católicos e muitos outros com eles chegaram às primeiras soluções pacíficas do conflito e prepararam aquelas que deverão restabelecer inteiramente a justiça.

Alguém escreveu: "Para vencer a mentira do socialismo, é necessário ter compreendido a verdade do socialismo". Não é, efetivamente, recusando-se a reconhecer as injustiças sociais que se afastarão as revoltas violentas e igualmente injustas. É preciso primeiro reconhecê-las lealmente e depois encontrar as medidas equitativas que podem diminuí-las e mesmo fazê-las desaparecer por completo.

Felizmente, está-se a caminho disso e em grande parte já se conseguiu. Resta que contribuamos com o nosso pequeno tijolo para esse entendimento, procurando que, no nosso raio da ação — na família, no trabalho, nos planos de ação social conjunta —, prevaleçam sempre o respeito pelos interesses e opiniões alheias, a concórdia, a compreensão mútua, numa palavra, o espírito de Cristo.

O DOM DE DEUS

> *"Respondeu-lhe Jesus: «Se conhecesses o dom de Deus, e quem é que te diz: 'Dá-me de beber', certamente lhe pedirias tu mesma e ele te daria uma água viva»."*
>
> (Jo 4, 10)

Jesus não desanima com a resposta descortês da Samaritana. Ela respondeu-lhe: já é alguma coisa. Mas Ele guarda-se de cair na armadilha de se pôr a discutir os agravos recíprocos das duas nações. Visto a mulher parecer intrigada por ter recebido o pedido de um judeu, Jesus vai espicaçar-lhe a curiosidade. Saberá ela quem é aquele que lhe pediu de beber, e que esse que lhe pediu, pode melhor do que ela dar-lhe água viva?

"Se conhecesses o dom de Deus!" A água que eu te peço, pobre mulher, é já um presente de Deus aos homens. Vens aqui encher o balde várias vezes por dia e parece-te muito natural encontrar sempre a água fresca sem a qual não poderias viver. Ocorreu-te pensar alguma vez que é Deus quem a faz jorrar para ti, de debaixo da terra, ao abrigo do sol escaldante?

Cristo sabe falar adequadamente aos homens. Vai procurá-los nas suas ocupações diárias, aproveita-se dos pensamentos que têm na ocasião para levantar-lhes o espírito até às realidades eternas.

Sabe descobrir a brecha por onde, sem violências, fará deslizar na conversa a frase que os porá na presença do divino.

"Bem sabes que a água que te peço para repartires comigo é certamente tua, mas primeiro é de Deus, que no-la dá, que nos dá tudo, e que dá sempre! Se soubesses como Ele dá, com que generosidade, sem cálculos, sem pedir nada em troca e sem que o mereçamos! Dá-te a água, o trigo, a vinha, a lã das ovelhas, sim, mas dá mais do que tudo isso, porque nem só de pão vive o homem. Se soubesses tudo o que Ele pode dar! Se soubesses que Deus se dá Ele mesmo, e até que ponto se dá! Porque aquele que te pede que lhe dês de beber é por excelência Ele mesmo o dom de Deus!..."

O dom de Deus, a doação que Deus nos faz é Cristo. Disse-o o Mestre a Nicodemos: "Deus amou tanto o mundo que lhe deu o seu Filho único" (Jo 3, 15).

"Dom inefável", escreverá São Paulo (2 Cor 9, 15). E em outro lugar: "Aquele que não poupou o seu Filho, mas por todos nós o entregou, como não dará com Ele todas as coisas?" (Rm 8, 32).

Verbo feito carne, Cristo é a revelação pessoal de Deus. Homem-Deus, traz-nos a redenção universal do homem. Sob um e outro aspecto, Jesus é Deus que se dá! "Se conhecesses o dom de Deus!"

É bom deixarmos por momentos a mulher que primeiro ouviu estas palavras e fazer, antes de mais nada, um ato de fé nesse Cristo que Deus nos deu.

* * *

Lembramo-nos, sem dúvida, dos textos de Pascal: "Nós só conhecemos Deus por Jesus Cristo... Todos os que pretenderam conhecê-lo e prová-lo sem Jesus Cristo só dispuseram de provas impotentes". O filósofo é ainda mais categórico: "Não só é impossível, mas inútil conhecer Deus sem Jesus Cristo". Mais próximo de nós, escrevia d'Hulst: "Se eu deixasse de acreditar no Evangelho, deixaria no dia seguinte ou no próprio dia de acreditar em Deus". Aqueles que se admiram destas afirmações não conhecem o dom de Deus.

O verdadeiro problema de Deus é o problema da religião, quer dizer, das nossas relações com Deus. A existência de Deus é simplesmente a conclusão a que chega uma inteligência livre. Mas o principal problema não é saber se Deus existe, e sim o que Ele é para nós e o que nós somos para Ele. Esta a única questão que importa, e só Jesus Cristo a pode resolver. Onde iríamos procurar Deus se não tivéssemos Cristo?

O homem voltou-se para o Deus da natureza: adora o criador e o ordenador do universo. Mas o que é o Deus da natureza? Um soberano mudo e indiferente. Enche o universo, mas não habita na nossa alma. As suas leis cumprem-se com uma implacável regularidade, como se eu não existisse. O raio fere-me, o oceano traga-me, o animal selvagem despedaça-me, a mosca infecciosa mata-me. Neste universo, eu não conto! Se pergunto por que razão há, ao lado da ordem que admiro, tantas desordens que me horrorizam, ninguém me responde. A Terra prossegue a sua rotação vertiginosa e um bloco de rochedo esmaga-me...

Então o homem recorre ao auxílio da razão e esta confirma a necessidade de uma causa superior. Mas logo a seguir é posta fora de combate. Daí em diante, o ser humano avança completamente às escuras e, mal acaba de esclarecer um mistério, encontra outro. Cada solução traz-lhe um novo problema e, vergando-se ao número deles, chega por vezes a duvidar de tudo, até mesmo das primeiras certezas instintivas que o tinham orientado para Deus. Fica diante de um enigma.

Será melhor sucedido se perscrutar a sua consciência? Aqui, pelo menos avança sobre o terreno propriamente religioso, porque é em si mesmo que procura Deus. Na nossa consciência, Deus aparece-nos já menos velado, notamos o seu rasto; a lei interior do dever é o eco de uma vontade justa, santa, absoluta. Mas de repente o problema complica-se. Porque a verdade é que há consciências humanas deformadas que justificam o crime, como há outras que não conseguem ver onde está o dever.

E eis o que é ainda mais trágico: assim como as consciências vulgares se satisfazem com pouco, quanto mais a consciência do homem se afina e o aproxima do Bem, mais se lhe torna árdua a prática do bem. É como se Deus se revelasse para logo depois desaparecer! Inflexível, a consciência impõe, exige: mas depois condena sem piedade a vontade que não foi capaz de cumprir o dever demasiado difícil.

Abatido pela sua impotência, o homem tenta reconciliar-se com o legislador cujas ordens transgride: corta com o seu afã desmedido de bens, imola vítimas, mas compreende que não poderá expiar a sua falta senão por uma expiação pessoal de que é incapaz, e soçobra no desespero, se é que não se liberta dos seus remorsos e escrúpulos remetendo para o mundo dos fantasmas essa voz interior cuja origem atribuirá a uma inconsciente e obscura hereditariedade. A humanidade estaria, pois, reduzida a afirmar Deus sem poder encontrá-lo.

E nem mesmo um ateu acaba com semelhante dificuldade, mas reforça-a. Porque, se há homens que rejeitam a ideia de Deus, não é por achá-la irracional em si: é unicamente por julgarem inaceitável que se lhes diga que Deus atua com bondade e misericórdia, que é nosso Pai e nos ama. O ateísmo vai menos contra a ideia de Deus do que contra os atributos de Deus. Seria menos necessário demonstrar Deus aos ateus do que mostrá-lo.

Mas quem nos mostrará Deus? O homem impaciente por arrancar o seu segredo à divindade lembra esse Prometeu que Zeus, ciumento, ata para sempre ao rochedo, e o expõe às garras e ao bico do abutre, para o castigar pela sua audácia. Yavé não é menos terrível que Zeus quando expulsa do paraíso o primeiro casal humano, culpado de ter desejado tornar-se como Ele, e manda guardar a porta do Éden pelo querubim com um gládio flamejante.

Mais tarde, porém, prometerá a Israel "Aquele que há de ser enviado", e se fala a Moisés por meio do ruído do trovão, já com os profetas a sua voz torna-se mais paternal para anunciar "o menino que nos será dado", o justo que há de sofrer para trazer a paz à terra.

Eis "o dom de Deus", a sua resposta à humanidade que, à beira do abismo intransponível, está de mãos estendidas. Deus mostra-se por fim. "E fez-se homem".

Já não temos que esgotar-nos numa busca estéril do Ser, cuja infinidade não podemos abarcar. Foi Ele que veio. Desceu até nós. "Desceu dos céus".

* * *

Será possível tal prodígio? Não seremos joguete de um fatal antropomorfismo, amoldando o infinito aos estreitos limites de um ser humano? No entanto, se raciocinássemos assim, nós é que cairíamos no antropomorfismo, porque aplicaríamos a Deus as nossas medidas terrenas.

Grandeza e pequenez só têm sentido na linguagem dos homens. Em Deus, não há senão imensidade, e esta revela-se tanto naquilo que nos parece pequeno como naquilo a que chamamos grande, porque ultrapassa uma coisa e outra.

No primeiro instante da nossa existência, éramos apenas uma célula, perceptível apenas ao microscópio, e desse pedaço minúsculo foi afinal saindo o nosso corpo de adultos, todas as nossas faculdades vitais e toda a nossa vida. Confrontada com Deus, a nossa célula inicial não é menor que o planeta em que estamos: só por si, é um mundo tão vasto como Arcturo, uma das estrelas mais brilhantes do céu à noite. Não nos deixemos, pois, enganar pela nossa imaginação, que seria capaz de medir Deus com um metro. O espírito está em oposição a toda a medida, é independente da quantidade de matéria que anima. Deus é Espírito.

Nós também somos espíritos, e porque os espíritos humanos só podem estar em comunicação por meio de um organismo corporal, o Espírito de Deus, para entrar mais facilmente em relação com os nossos, tomou como intérprete um corpo. "E fez-se carne". Deus revelou-se por meio de um homem, do mecanismo de uma vida humana.

Estamos diante de um prodígio, sem dúvida, mas não o é para a nossa razão, porque tudo o que existe, tudo o que vive fora de nós e em nós, é uma amálgama de mistérios mais surpreendentes uns que os outros. Prodígio, sim, mas que desconcerta sobretudo o nosso coração. Podemos compreender que Deus nos ame a tal ponto que venha habitar entre nós? "Se conhecesses o dom de Deus!" Em Cristo, Deus e o homem encontram-se. "Nele habita corporalmente toda a plenitude da divindade", escreve São Paulo (Cl 2, 9).

Cristo é a revelação de Deus. "A Deus nunca ninguém o viu. O Filho único que está no seio do Pai foi quem o deu a conhecer" (Jo 1, 18). Por isso,

Ele não veio trazer-nos definições nem argumentos: veio mostrar-nos Deus.

Antes da sua paixão, um dos Apóstolos repetiu a oração milenária de todas as almas religiosas: "Senhor, mostra-nos o Pai!" E Jesus respondeu: "Como me perguntas isso, se há tanto tempo que estou convosco? Filipe, quem me viu, viu também o Pai" (Jo 14, 8-9).

Compreende-se o pedido de Filipe. Ele teria querido ver o "Deus dos filósofos e dos sábios", o Deus criador e regulador dos mundos, o Deus que nos esclareceria todos os segredos da natureza. Cristo revelou-nos um Deus não menos imenso, mas menos afastado de nós, Deus autor, animador e termo da nossa vida: Deus tal como o homem o pode compreender aqui em baixo, e que encarna tudo quanto o homem necessita conhecer dEle. "Filipe, quem me viu, viu também o Pai".

Em Cristo, vimos a santidade, a justiça, a bondade de Deus. É fácil daqui em diante amar a Deus, falar--lhe, ouvi-lo, porque Jesus, nosso mediador, pode ser o objeto do nosso amor. É Ele que pede por nós e nos transmite a resposta do Pai.

Em Cristo, as antinomias resolvem-se. Ele concilia a justiça e a misericórdia de Deus, os rigores da sua santidade e os impulsos infinitos do seu amor, porque o Deus que não pode aceitar a ofensa do pecado é o Varão de dores, que expia no Calvário as faltas de todos os seus irmãos, os homens.

E enquanto Ele nos liberta dos nossos pecados, contemplamos com o coração apertado a derrota de

Deus, prostrado como nós pelo sofrimento e vencido pela morte. Mas para nós, como para Ele, a derrota será apenas aparente e provisória. Jesus sai do túmulo e leva-nos atrás dEle na sua glória, porque "Ele é a ressurreição e a vida" (Jo 11, 25).

Compreendemos enfim o dom de Deus? Quando Deus dá, dá infinitamente, indefinidamente. Não retoma aquilo que deu. Em Jesus, foi para sempre que a divindade se uniu à humanidade: "Deus fez-se homem — disse Santo Agostinho — para que o homem se fizesse Deus" (*Serm.* 128). O seu Pai é o nosso Pai. Tendo recebido Jesus, tornamo-nos filhos de Deus (Jo 1, 12). Não é que tenhamos só o nome; somo-lo mesmo (Jo 3, 1).

Cristo deixa a nossa terra, mas dá-nos a sua vida, deixa-nos a paz que alimenta a sua vida em nós, enche os nossos corações do seu Espírito. E Ele mesmo, depois de tornar-se invisível, fica conosco todos os dias até ao fim do mundo (Mc 28, 20).

"Jesus Cristo — voltemos a Pascal — *é* um Deus de quem nos aproximamos sem orgulho e a quem nos submetemos sem desespero".

Ele e só Ele responde às queixas e desejos da humanidade religiosa. Junto dEle, a nossa razão deixa de ser agressiva e de pedir contas à divindade, porque o nosso orgulho desaparece em face do Filho do Homem que — exceto no pecado — participou de todas as nossas misérias e angústias.

Junto dEle, podemos descarregar dos ombros o fardo dos nossos pecados e levantar-nos certos do perdão divino.

Junto dEle, a nossa consciência purifica-se, mas, ao mesmo tempo, a nossa vontade torna-se forte.

Junto dEle, voltamos a encher-nos de coragem, sabemos que esta vida tem uma finalidade e que a terra evolui para os céus; sabemos que, unidos ao Filho de Deus, também nós, como Ele, deixaremos o mundo e iremos para o Pai (cf. Jo 16, 28).

"Se soubesses..." Sim, sabemos tudo isso, sabemo--lo desde a infância, e contudo não o sabemos bastante, não o saboreamos bastante, não o vivemos bastante. Quanta felicidade e esperança e força deveríamos tirar todos os dias da nossa fé! Verdadeiramente, "dando-nos Jesus Cristo, [Deus] deu-nos tudo".

O DOM DE DEUS (II)

> *"Se conhecesses o dom de Deus, e quem é que te diz: «Dá-me de beber», certamente lhe pedirias tu mesma e ele te daria uma água viva."*
>
> (Jo 4, 10)

Jesus é a revelação de Deus. E é São Mateus, no seu Evangelho, quem precisa o significado do nome "Emmanuel" com que Isaías o tinha anunciado: "quer dizer Deus conosco".

Não foi pelo vão prestígio de afirmar a sua existência que Deus tomou a nossa natureza, mas para se colocar ao nosso alcance. Desceu à nossa própria esfera para nos dar a conhecer dEle, não a ciência total — que por falta de ideias suficientes não podemos possuir aqui em baixo —, mas um conhecimento humano, ainda que incompleto, conforme com a verdade. Por Cristo sabemos o que Deus é para nós, o que nos destina, o que espera de nós.

Se compreendêssemos bem este dom de Deus, e que Cristo nos chama a participar da vida divina, a nossa súplica cruzar-se-ia com a sua, e seríamos nós que lhe pediríamos que nos ensinasse a viver como filhos de Deus.

Em Jesus Cristo, as duas naturezas formam uma só pessoa, com uma tal unidade que não distinguimos a soldadura que as une. Deus em plenitude,

Cristo é igualmente o Homem na sua plenitude. Com a ciência humana de Deus que nos proporciona, ensina-nos a ciência divina do homem, mostrando-o tal como Deus o concebe e o quer. Cristo é nosso irmão, absolutamente nosso irmão. Sem pecado, porque o pecado não é essencial ao homem. Como exprime um hino litúrgico, Jesus é o objeto e o penhor da nossa eternidade, o preço da nossa redenção, o nosso alimento espiritual, mas não é menos o nosso companheiro de todos os dias e, nessa medida, o nosso modelo. Assim como é a revelação de Deus, é a revelação do homem.

E se Ele pode revelar-nos o que nós somos, não é por ser um homem justo e bom, a quem a admiração dos seus semelhantes depois divinizasse, mas porque é Deus feito homem. "Se o sol não existisse — escrevia a este respeito Clemente de Alexandria —, seria completamente noite, apesar de todas as estrelas". Jesus dissipou as trevas em que vivíamos porque Ele é o sol.

* * *

Entre os títulos que lhe têm sido atribuídos, Cristo teve manifesta predileção pelo de "Filho do homem". Aliás, é somente Ele que se designa assim a si próprio: nem a multidão, nem os discípulos lhe dão nunca esse nome. E se se compraz em dar a si mesmo esse nome, é porque realizou cabalmente o mais nobre exemplar humano que já houve e haverá.

Através dEle, a contemplação da nossa humanidade é, sem dúvida, muito mais animadora. Podemos estar certos de que, depois de Jesus, e cada vez mais à medida que se vai estendendo o Evangelho, não cessa de aumentar o número de indivíduos que honram a família dos homens.

Mas, a par destes, que poderíamos louvar, são muitos os nossos semelhantes que nos fariam odiar a nossa natureza, tanta é a animalidade, a selvajaria e a hediondez que os domina. E não é possível esquecer a mentalidade malsã de tantas pessoas tidas como sérias que se apaixonam pela narração de crimes, que saboreiam o escândalo e se deixam dominar pela incoercível mania da maledicência. Aliás, como se não existissem bastantes seres degenerados, o romance, o teatro e os filmes amplificam as notícias dos jornais e das televisões, criando os tipos mais cínicos de egoísmo, de crueldade, de rapina, de sensualidade. Serão esses seres, reais ou compostos, verdadeiros representantes da humanidade?

Não se promulga uma só lei humana que não seja acompanhada de ameaças, de sanções, que não reclame polícias e tribunais, que não dê lugar a processos e a condenações. Quererá isto dizer que não poderemos confiar nunca no homem? Para mantê-lo na honestidade, será preciso recorrer sempre ao temor?

Não se pode caluniar a humanidade. O homem em si não é tão mau nem tão medíocre. Porque esses homens que compõem uma galeria de facínoras são falsificações do homem. O homem verdadeiro é

Cristo e, quanto mais nos aplicarmos a parecer-nos com Ele, mais seremos verdadeiramente homens, seres em que se refletem limpidamente a justiça, a coragem e a magnanimidade.

Temos de reparar no Filho do Homem. Nós não somos apenas filhos de Adão e de Caim, somos também irmãos de Cristo, que purificou e regenerou a nossa raça. Não estamos cheios dos germes de todos os pecados, porque há em nós a grandeza e a vontade do bem, porque "em nós — para falar com São Paulo —, Cristo está em gestação" (cf. Gl 4, 19) e a graça trabalha a nossa alma até que "atinjamos a medida da estatura perfeita de Cristo" (Ef 4, 13).

* * *

O que é afinal o homem, o que pode e deve ser?

"Se se exalta, eu humilho-o; se se humilha, exalto-o. Contradigo-o sempre, até que compreenda que é um monstro incompreensível". Perdoemos estas palavras dolorosas ao severo gênio de Pascal, que somente visa aqui o homem sem Deus. Mas o Evangelho fez definitivamente luz sobre o mistério do homem.

O que é o homem? Não são as cavernas da pré--história que no-lo ensinarão. Também não é a longa história da humanidade idólatra, que apresenta em cada século o mesmo quadro: os mais fortes oprimem as massas reduzidas à servidão; só a morte nivela o pequeno número que gozou da vida e as multidões que apenas conheceram o sofrimento.

As filosofias não são mais instrutivas. Umas exaltam o orgulho do homem; outras convidam-no a encontrar a sabedoria na contemplação ou o repouso no esquecimento; umas proclamam a sua bondade inata; outras rebaixam-no até considerá-lo um mero escravo das suas paixões.

Mas o que é afinal o homem? Anjo ou besta? O fiel do Antigo Testamento estava melhor informado, porque sabia que o homem é simultaneamente lodo da terra e sopro de Deus. Mas Cristo expôs com clareza a nossa verdadeira condição. À criatura que hoje se sente tão agarrada à terra, e amanhã um ser livre que tende para o Bem, a esse homem, ora tão grande, ora tão miserável, Jesus ensinou-lhe que é um "filho".

Um filho concebido pelo amor do Pai do céu, sempre atento às suas necessidades. Um filho momentaneamente exilado, mas a caminho da casa do Pai, um filho que certamente deve obedecer ao seu Pai, mas a quem o Pai não está menos submetido, um filho portanto que é o herdeiro (cf. Gl 4, 7), a quem deve pertencer tudo o que seu Pai possui.

É possível que, mesmo admitindo de bom grado e com profunda gratidão que o homem ocupa um tal lugar nos desejos de Deus, nos seja difícil aceitar que o homem justifique, na realidade, as ambições divinas. É o momento de contemplarmos o nosso Irmão mais velho. Deus no-lo deu para que aprendêssemos a viver como filhos de Deus. É sempre possível verificar que Cristo, com a sua vida, consegue ser um modelo para todos os homens, quem quer que sejam, e que, excetuando, bem entendido, os milagres, que são obra da sua divindade, não há uma só das suas ações que não possa ser proposta à nossa imitação, uma só que não seja verdadeiramente humana. O Filho do Homem indica-nos o que nós devemos ser, mas também o que podemos fazer.

Mas aqui levanta-se uma questão: embora, em teoria, as ações de que Cristo nos dá exemplo estejam ao nosso alcance, não podemos, na prática, observá-las todas, ou não podemos imitá-las sempre. À consciência do homem que diz: "Tu deves", a vontade muitas vezes responde: "Não posso", se bem que, depois da falta, a razão repreenda: "Eu deveria".

Em face deste triste dado da experiência, dizem alguns que não há senão duas saídas possíveis: ou entramos num estado de revolta ou caímos na angústia da impotência. Nos dois casos teríamos de concluir que Jesus e nós não pertencemos à mesma raça.

Ora, a manifestação do Filho do Homem proíbe-nos de aceitar semelhante conclusão.

Não é por Jesus ter sido capaz de cumprir todos os deveres da sua missão que devemos excluí-lo da humanidade. Pelo contrário, é vendo todo o bem que realizou que nós fixamos o dever do homem normal. Depois de Ele ter vivido entre nós, foi revelado ao homem todo o bem de que é capaz; o homem reconheceu a perfeição para a qual deve tender. Se não fosse assim, teríamos de resignar-nos a nunca nos assemelharmos a Cristo. Longe de alegar que foi Ele que se enganou a nosso respeito, oferecendo-nos o exemplo de uma virtude excessivamente alta, temos de afirmar que somos nós que nos enganamos quando duvidamos de que Ele tivesse agido verdadeiramente como homem: consideraríamos uma quimera imitá-lo, amesquinharíamos o nosso valor humano. Depois que Jesus exemplificou como um homem pode viver, não teremos descanso enquanto não reproduzirmos em nós o tipo de humanidade que Ele nos deu a conhecer.

* * *

Além disso, se a natureza humana fosse impotente perante o dever, seríamos vítimas de um determinismo ruim: já não seríamos filhos, mas uns condenados às galés, votados a um suplício imerecido.

Por outro lado, se a nossa natureza nos tivesse feito rebeldes, seríamos pessoas carregadas unicamente de atos maus. Ora, não é verdade, bem o sabemos, que sejamos apenas um amontoado de culpas, visto que podemos amar a Deus e querer o bem. De que Pai seríamos filhos se toda a nossa semelhança com Ele fosse afinal uma radical dessemelhança que nos condenaria a contradizê-lo e a perdê-lo? Naturalmente rebeldes? Sejamos lógicos: se fôssemos só culpa, deixaríamos de ser culpados de nada, porque não fomos nós que demos a nós mesmos a nossa natureza. Seria o Criador que mereceria as nossas desesperadas censuras.

Ao desacreditarmos e denegrirmos a nossa natureza, pisamos um caminho falso ou fazemos um trabalho vil. Desconhecemos de que espírito o Pai anima os seus filhos. Cristo ensinou-nos a conhecer o nosso melhor eu, que é o nosso verdadeiro eu. Fez-nos tomar consciência de tudo o que há de bom em nós. A irradiação da sua pessoa ilumina a nossa alma, que agora vemos tal como é. Víamos nela apenas fealdades, fraquezas e entraves; emergindo de todas essas sombras, Jesus mostra-nos a nossa beleza, a nossa força, a nossa liberdade. O que nós fazíamos era procurarmo-nos a nós mesmos. Ao encontrarmos Cristo, pudemos encontrar a nossa verdadeira personalidade.

Eu vejo Cristo debruçar-se com delicadeza e compreensão sobre os pecadores que todos somos. Tê-lo-ia feito se a nossa miséria fosse incurável? Ele atende-nos, chama-nos, acolhe-nos, persegue-nos, comove-nos, levanta-nos, muda-nos, faz de nós santos. E então compreendemos que não éramos naturalmente rebeldes; éramos sobretudo pessoas desencaminhadas.

Se por natureza fôssemos impotentes em face do bem, que significariam as censuras dirigidas por Cristo aos fariseus que se afastavam da verdade, ou aos discípulos quando demoravam a entrar pelo caminho da entrega? "Não sabeis de que espírito sois" (Lc 9, 55). Não sabeis tudo quanto podeis fazer. Se aqueles homens fossem incapazes do bem, tê-los-ia o Senhor encorajado a procurar a perfeição? Em vez de se agarrar à letra da Lei antiga, Ele quer que a virtude dos seus ultrapasse a dos escribas, incita-os sem descanso a elevar-se cada vez mais alto na caridade. O Evangelho inteiro é a afirmação solene das capacidades sempre crescentes da virtude humana.

Mas há uma condição para aproximarmos a nossa natureza da sua justiça original: que procuremos conduzir-nos como filhos. A força do homem não reside na vã estima das suas qualidades e dos seus méritos, nem numa impassibilidade fingida em face da dor. Homem forte é aquele que vive de Deus, que pede a sua ajuda e se abandona filialmente à sua vontade. O segredo da nossa fortaleza está na nossa união com o Homem-Deus que nos foi dado. É o espírito de Jesus que ora em nós, que luta em nós, que vence em nós. Foi o que Cristo fez da nossa humanidade. São Paulo tinha mil vezes razão: "Dando-nos o seu próprio Filho, Deus deu-nos tudo" (cf. Rm 8, 32).

Assim como em Cristo adoramos Deus, assim temos de meditar no homem que Jesus nos descobre. Não no homem ideal, mas numa vida humana cheia do espírito de Deus, de olhos postos no Homem verdadeiro, nAquele que habitou entre nós, nAquele em quem temos o dever e — por Ele — o poder de nos transformarmos.

A NOSSA NECESSIDADE DE DEUS

"A mulher lhe replicou: «Senhor, não tens com que tirá-la, e o poço é fundo... donde tens, pois, essa água viva? És, porventura, maior do que o nosso pai Jacó, que nos deu este poço, do qual ele mesmo bebeu e também os seus filhos e os seus rebanhos?» Respondeu-lhe Jesus: «Todo aquele que beber desta água tornará a ter sede, mas o que beber da água que eu lhe der jamais terá sede. Mas a água que eu lhe der virá a ser nele fonte de água, que jorrará até a vida eterna.»"

(Jo 4, 11-14)

O dom mais excelente pode deixar indiferente a pessoa a quem é oferecido se não lhe conhece o valor. É por isso que, depois de se ter apresentado à Samaritana como o dom eterno que Deus concede à humanidade, Cristo vai agora esclarecer essa alma que quer salvar, fazê-la sentir as suas necessidades espirituais, despertar nela a nostalgia do divino e inspirar-lhe o desejo de Deus.

* * *

A primeira impressão que se colhe do relato é a de que a pobre mulher não compreendeu nada do que Jesus lhe disse sobre o dom de Deus e a água viva que ela deveria pedir-lhe. Encontra-se ainda no estado do *animalis homo* de que fala São Paulo, do homem que ainda não está regenerado e que "não é capaz de compreender as coisas do espírito de Deus" (cf. Cor 11, 14).

Notamos, contudo, a seu favor, uma atitude de deferência para com Jesus. Já não se dirige a Ele como antes: tu, um judeu. Chama-lhe Senhor. Não é ainda uma homenagem religiosa, mas é o título que se dá a uma personalidade de destaque.

Porém, o resto das suas palavras demonstra que não tem a menor suspeita do plano a que Cristo elevou subitamente a entrevista. Tudo o que percebeu foi que, se esse estrangeiro se gabava de lhe poder oferecer água viva, e nem sequer tinha com que tirá-la, devia conhecer por aquelas paragens alguma fonte escondida. Mas que água se poderia comparar à que fora dada por Jacó com o seu poço? Ou seria ele mais importante que Jacó? Ou tão poderoso como Moisés, que fizera jorrar água de um rochedo?...

Seria inteiramente gratuito atribuir às observações dessa mulher uma intenção irônica. A sua perplexidade leva mais a supor que pressente a superioridade do seu interlocutor. Aliás, o seu erro é desculpável, porque a imagem de que Jesus se serve, "água viva", significava para toda a gente a água corrente. Por que teria ela que ver mais longe?

O Evangelho de São João oferece-nos muitos exemplos da confusão que certas palavras do Mestre faziam nascer no espírito dos ouvintes, provocando neles admiração, quando não protestos. Jesus então desfazia o equívoco, descobrindo-lhes o sentido figurado — místico ou espiritual — das palavras que, interpretadas literalmente, os tinham intrigado ou chocado. Assim, diz a Nicodemos que, para ver o reino dos céus, é necessário nascer de novo. O doutor protesta: como poderia ele voltar a nascer, se já era velho? E Cristo explica então que se refere a um renascimento espiritual (cf. Jo 3, 1-21). Do mesmo modo, quando anuncia a Eucaristia, os cafarnaítas julgam que Ele lhes propõe sabe-se lá que rito antropófago: "Como pode este homem dar-nos a sua carne a comer?" (Jo 6, 52). Um grande número deles retirou-se sem ter compreendido que as palavras do Salvador "são espírito e vida", que não era o corpo deles que Cristo pretendia alimentar, mas as suas almas, comunicando-lhes, pelo sacramento do seu corpo, um acréscimo de vida divina. Tal linguagem, completamente diferente da das parábolas, conseguia também fixar fortemente a atenção dos ouvintes.

No caso da Samaritana, o equívoco incidia sobre a sede e a água viva. A mulher só pensava na água com que matava a sede diariamente. Mas o coração do homem sente outras sedes que nada na terra pode apagar. Por isso, Jesus traz-nos uma misteriosa água viva — a que os teólogos chamam graça santificante — que, sem suprimir os nossos desejos, apaziguará os nossos tormentos.

A imagem não era, aliás, nova para os israelitas piedosos, que cantavam nos salmos: "A minha alma tem sede de Deus" (Sl 41, 3). E os profetas tinham várias vezes convidado a beber nas fontes da salvação. Jesus, em outras duas passagens do quarto Evangelho, recorre a essa imagem: "Aquele que crê em mim jamais terá sede" (Jo 6, 35). E no último dia da festa dos Tabernáculos — que era quando os peregrinos escoltavam em procissão o sacerdote que trazia da fonte de Siloé, numa vasilha de ouro, a água das libações —, o Mestre exclamará: "Se alguém tem sede, venha a mim e beba" (Jo 7, 37).

* * *

A sede física corresponde a uma necessidade periódica do nosso organismo: um copo de água pode satisfazê-la. Mas se essa água nos falta ou se a febre nos consome, a sede torna-se uma tortura intolerável, bem mais rigorosa do que a fome. Podemos viver alguns dias sem nos alimentarmos, mas não podemos privar-nos de beber.

Do mesmo modo, quando as nossas necessidades mais profundas ficam insatisfeitas, consome-nos uma sede moral que pode chegar a perturbar-nos o espírito ou a aniquilar a nossa vontade.

Será preciso enumerar aqui todos os desejos do homem desde os mais elementares até os mais elevados? Teríamos de rever toda a nossa vida. Nós temos sede de felicidade, e esta começa — não nos envergonhemos — pelas condições materiais da existência: a segurança do dia de amanhã, depois o bem-estar, como também a riqueza, porque sempre desejamos mais do que aquilo que possuímos. Ao mesmo tempo, precisamos de saúde, de afeição, de confiança. Um suspira pelo descanso, outro está impaciente por ter novas atividades; este procura distrações, aquele aspira ao silêncio. E, enquanto pedimos à vida mais felicidade, a vida parece ter prazer em privar-nos, uma após outra, das alegrias de que desfrutávamos: sucedem-se a doença, a adversidade, os lutos, e temos necessidade de ser consolados porque as lágrimas são bebida demasiado amarga.

Há maneira de satisfazermos esse conjunto de necessidades? Em parte e temporariamente. Mal satisfazemos os nossos desejos, voltam a aparecer e renascem aumentados. Quando obtemos aquilo que desejávamos, continuamos a desejar. Queremos sempre, queremos mais, queremos melhor. Por muito pura que seja a água da fonte, "quem bebe dela terá ainda sede" (Jo 4, 13). A vida presente engana a nossa sede, mas não a acalma definitivamente.

Além disso, o homem não vai beber somente às fontes límpidas. "Dois pecados cometeu o meu povo. Desprezou-me a mim, que sou fonte de água viva, e foi abrir cisternas, cisternas rotas, que nada retêm" (Jr 11, 13). E Racine dizia, parafraseando o profeta:

"Mas nós corremos como loucos
à procura de fontes lodosas,
de cisternas enganadoras,
donde a água foge a todo o momento."

O homem desmedidamente ávido de alegria já não se importa com a origem nem com a qualidade do que lhe dá prazer. Precisa dessa alegria, não importa a que preço, ainda que seja ao preço da honra. Ignora o mau cheiro do dinheiro, come qualquer pão, atira-se a prazeres inferiores. Mas nessa altura, quanto mais devora, mais fome tem, quanto mais bebe, mais sede tem. Em lugar de conhecer a satisfação, experimenta o desgosto da saciedade. À força de aumentar a dose de morfina, envenena-se com ela.

A vida presente, que facilmente vence o pecador, também vence o homem que, ardendo em sedes mais nobres, se afastou das "fontes lodosas". Imaginemos a cena evocada por Jeremias. Em face da secura do verão, o cultivador construiu uma cisterna para recolher como coisa preciosa as águas de março. Recobriu-a com cuidado. Ao começar o calor, foi buscar água, mas a argila tinha estalado e a água escoava pelas fendas (cf. Jr 2, 12-13).

Assim desaparecem, ou se evaporam, todos os benefícios desta vida que pensávamos ter bem guardados. Em cada geração os poderosos voltam a falar com melancolia da vaidade do poder, os abusos sobrevivem aos reformadores, as descobertas dos sábios imobilizam-nos diante de outros segredos. O próprio Michelângelo pôde escrever já nos seus últimos dias: "Tudo me entristece". A nossa vida não é apenas constantemente interrompida pelo sono, limitada pela morte. Dentro dos seus estreitos limites, encontra-se semeada de obstáculos em que o homem vem quebrar as asas: fadiga, mudanças, incerteza, esquecimento, violência. É muito simples: todas as nossas satisfações têm um fim e nenhuma das nossas ações fica acabada.

É que — aconselhará o sábio deste mundo — não devemos pedir à vida mais do que ela pode dar. Abandonemos os nossos sonhos, fechemos as nossas asas em vez de amaldiçoar a gaiola. E continuemos a vir, de manhã, ao meio-dia e à noite, encher o cântaro no poço...

Mas, à beira do poço, está Cristo. Dos nossos desejos numerosos e vastos em excesso, Ele extinguirá os que não passam de fogos fátuos e satisfará os nobres. "Aquele que beber da água que eu lhe der não terá jamais sede". Essa água brotará do nosso próprio coração: "Far-se-á nele uma fonte de água de salvação" (Jo 4, 14); unirá o infinito dos nossos desejos ao Deus infinito que no-los inspira, e a nossa vida, unida à de Deus, tornar-se-á eterna.

Quando o sábio toca o mistério não estará já a bater à porta do céu? O eminente geólogo Pierre Termier deixou-nos a experiência do sábio cristão: "Há momentos em que não vemos nada e andamos às apalpadelas nas densas trevas, e outros em que, purificados talvez por não sei que contacto com o infinito, subimos sem dificuldade, através das sombras, não certamente até à visão clara, mas até essa esfera intermediária em que já reina o dia".

Infinito o nosso desejo de ciência, infinita a nossa sede de agir. Deus fez o homem para que reine com Ele. Soberanos de amanhã, sofremos na nossa prisão atual pela nossa impotência. Mas esse homem que sem cessar luta por amadurecer qualquer projeto, que tem necessidade de inventar, de aperfeiçoar, de produzir, de criar, ultrapassa a sua tarefa diária, trabalha sem dúvida para aqueles que virão tomar o seu lugar na terra, mas a sua atividade necessita de um objeto eterno. Temos de ouvir Psichari gritar-nos do seu deserto: "Se não servimos para a execução de um plano prodigioso, que fazemos nós neste mundo?"

E os nossos sonhos, perpetuamente renovados, de uma felicidade que jamais atingimos, não são indiferentes ao divino pregador das Bem-aventuranças, Àquele que, à hora em que os inimigos combinam os pormenores da sua prisão, pede ao Pai "para que os seus discípulos tenham neles a plenitude da sua alegria" (Jo 17, 18).

Por que ficamos de tal maneira apaixonados por tudo o que é belo? Por que a arte nos eleva acima da terra, senão porque a beleza, segundo Ruskin, "é um aceno misterioso de Deus ao homem"? Por que nós, modestos trabalhadores, não ficamos em paz conosco próprios senão quando somos bons, quando a nossa obra está bem feita? E por que o santo se censura pela sua pouca virtude, e o artista se desespera por não ter podido encarnar na sua obra-prima a ideia que trazia dentro de si? Do mais pequeno ao maior, todos subimos com custo, um por um, os degraus de uma perfeição que se eleva ao mesmo tempo que nós.

Não é a nossa imaginação, é toda a nossa natureza que clama ao infinito por toda a infinidade dos seus desejos. Mas por que não dar o seu verdadeiro nome à nossa necessidade sempre inquieta de verdade, de ação, de felicidade, de beleza, de virtude? Não nos bastamos: a terra, esta vida, não nos chegam, temos necessidade de Deus. "Fizeste-nos, Senhor, para Ti — diz Santo Agostinho no princípio das suas *Confissões* — e o nosso coração não terá repouso enquanto não descansar em Ti".

A necessidade de Deus está agarrada a todas as fibras do nosso ser. Da mesma maneira como há pessoas que, por falta de cultura, podem abafar nelas o sentido estético ou o gosto pelo estudo, sem que por isso se deva concluir que não se trata de necessidades naturais do homem, também muitos outros podem desconhecer ou perder a nostalgia de Deus. A causa? A ignorância ou a paixão, a tolice ou o orgulho. O homem normal, esse tem necessidade de Deus.

Aquele que o reconheceu, aquele que identificou as tendências profundas da nossa natureza, esse, se encontrar Cristo, nunca mais terá sede. Não porque os seus desejos se desvaneçam logo: pelo contrário, tornam-se mais vivos e mais ardentes. Mas esse Deus de quem temos necessidade, Jesus não só no-lo promete depois deste tempo de prova, como no-lo dá desde agora. Por Ele, o Espírito nos une ao Pai. Enquanto não podíamos definir a origem dos nossos desejos, a sua infinidade torturava-nos; doravante, a nossa sede já não é tormento, mas um imenso desejo que Deus escuta e satisfaz.

A água viva purifica e refresca a nossa natureza pecadora. Dentro de nós, uma fonte salta para as alturas: "A nossa conversa está nos céus" (Fl 3, 20): os nossos pés pisam ainda a terra, mas a nossa vida desabrocha no céu. Nunca mais estaremos inseguros diante do mistério, porque sabemos que Deus sabe. Nunca mais perderemos a coragem, porque Deus pode o que nós não podemos. Não blasfemaremos nos espasmos da dor, porque Deus mudará a nossa aflição numa alegria que não nos será arrebatada.

"Aquele que crê em mim não terá mais sede. Se alguém tem sede, venha a mim e beba". A Cristo, que percorreu os nossos caminhos, de Belém ao Calvário, a fim de sentir as nossas sedes humanas, a Cristo deveremos dizer: "Dá-me dessa água de vida eterna".

RELIGIÕES UTILITÁRIAS E RELIGIÃO ÚTIL

"Senhor, dá-me desta água, para eu já não ter sede nem vir aqui tirá-la."

(Jo 4, 15)

O nosso primeiro movimento ao ouvir essa súplica seria facilmente um gesto de impaciência: afinal de contas, é só isso que acode ao espírito dessa mulher, ao ouvir o ensinamento de Cristo?

Jesus acaba de nos revelar qual é a nossa grandeza: faz-nos ler em nós mesmos, nos nossos desejos infinitos, a prova da nossa origem divina. Afirma que o infinito que nos atrai é o indício do nosso destino: mais ainda, que já aqui em baixo Deus une a sua própria vida à nossa natureza humana, a fim de a transformar em vida eterna. E a Samaritana pensa no peso dos seus afazeres habituais, e em que lhe seria bem vantajoso já não ter que vir constantemente tirar água do poço!

No entanto, não nos pode surpreender que essa mulher, ainda meio pagã e inteiramente em pecado, não se tenha apercebido de todo o simbolismo da água viva, quando há tantos batizados manifestamente inconscientes das prerrogativas e dos compromissos do seu batismo. Nunca nos aconteceu ficarmos de braços e pernas atados diante de cristãos que nos disparam esta pergunta: "No fundo, para que me serve a religião?" O mais doloroso é que, efetivamente, não lhes serve para nada, e que, se de um dia para o outro, renegassem a sua fé, a sua vida não sofreria modificação alguma. Também esses nada compreenderam do dom de Deus e encontram-se, muitas vezes, num estado de espírito semelhante ao da Samaritana. Talvez a história dessa mulher os possa esclarecer ou, pelo menos, impedi-los de cair num desinteresse tão grosseiro como o dela.

Seria, aliás, excessivo pensar que a mulher se mostrou completamente alheia ao pensamento de Cristo. Depois de ter inquirido: "Onde tens essa água viva?", pressente que a água de que Jesus lhe fala não é uma água natural, que vem de um lugar mais alto, que não é desta terra. E pede-lhe: "Dá-me dessa água", como farão mais tarde os judeus a quem Cristo promete o pão de Deus que dá a vida ao mundo: "Senhor, dá-nos sempre desse pão" (Jo 6, 34). Nem a Samaritana nem os judeus sabem ao certo do que se trata, e por isso limitam-se a ver nessa promessa de um dom, para eles obscuro, o modo imediatista de resolver as necessidades de cada dia, de poupar-se a uma fadiga cotidiana.

Não temos de ir muito longe para encontrar pessoas que, embora não o exprimam de maneira tão pueril, não têm da religião uma ideia muito mais elevada. Esperam dela vantagens temporais ou facilidades espirituais. A sua piedade é menos um culto dirigido a Deus do que uma forma errada do culto de si próprias. Trágico mal-entendido, gerador de decepções ou de revoltas: "Para que orar e praticar, se Deus nos envia provações na mesma? Em vão me confesso e comungo; nada disso me faz melhor ou pior. Qual é, portanto, a utilidade da religião?..." O que equivale a dizer: "Senhor, dá-me dessa água, para que não tenha mais sede e não tenha que vir tirá-la..."

* * *

O desejo da Samaritana será, depois de tudo, tão estranho? O que ela deseja, como tantos outros, é que a sua existência seja menos dura ou menos monótona. E não é isso mesmo o que tantos outros, como ela, esperam também da religião — um alívio para as suas penas? De outra forma, qual a sua utilidade?

Ora, nessa expectativa, ao lado de um anseio absolutamente legítimo, pode insinuar-se um cálculo que desvirtue a verdadeira noção de esperança e a reduza a uma simples e vã ilusão.

Certamente, não nos enganamos quando procuramos na fé um remédio para os nossos males. Se a religião não é uma consolação, se não nos dá segurança no meio das nossas tristezas, não é a resposta que Jesus deve dar à nossa confiança, e então é necessário que rasguemos as páginas mais tocantes do Evangelho.

Porém, convém prestar atenção aos termos que empregamos, porque, se substituímos a "confiança" que nos leva a Deus por não sei que espírito de mercantilismo, se pretendemos vender a Deus a nossa fidelidade para obter dEle, em troca, um seguro ou uma solução para todas as nossas dificuldades, saímos inteiramente do cristianismo para nos afundarmos no mais elementar paganismo.

É claro que, se a obediência às leis divinas se tornasse regra geral, os homens veriam diminuir notavelmente os seus sofrimentos e aumentar numerosos elementos de bem-estar. Porque é normal que o bem produza felicidade. Mas daí a exigir que Deus nos garanta o emprego e nos conceda um favor em troca de uma boa ação, há um abismo. De resto, se este "dou para que dês" não fosse um cálculo infantil, deveríamos igualmente receber um castigo por cada falta que cometêssemos.

Eu quereria duvidar de que haja quem professe a religião na esperança de obter dela vantagens temporais, mas como explicar de outra maneira que muitos cristãos murmurem da Providência quando a provação os fere, enquanto o descrente é talvez poupado? Contudo, o Evangelho é bem claro! O Pai dos céus faz brilhar o sol sobre justos e injustos. Desconcerta-nos que Jesus se negue tão categoricamente a intervir em favor de um homem que lhe pede para defender a sua causa numa questão de herança. O Mestre condena a avareza, a injustiça, a ambição de riquezas, mas nunca nos prometeu saúde ou fortuna.

E não deveria ser o contrário que nos escandalizasse? Se a virtude tivesse de ser imediatamente recompensada com um favor temporal, a virtude seria um bom negócio, mas seria o fim de toda a moralidade: procuraríamos o bem-estar, nunca amaríamos o bem. É por isso que Jesus quer que abandonemos nas mãos do Pai dos céus todas as nossas necessidades, a começar pela primeira de todas, o pão de cada dia. Deixemo-lo depois dosar, em virtude do amor que nos tem, a parte de benefícios e restrições, de favores e dor que a sua sabedoria destina a cada um de nós. Deus é tão bom quando nos deixa chorar como quando nos seca as lágrimas. E a fé do cristão deve ser suficientemente forte para pedir um milagre e para saber renunciar a ele.

A fé cristã não é uma fonte de lucros, mas uma fonte de *progresso espiritual*. As vantagens do crente consistem numa capacidade mais considerável de avanço moral. Para que serve a religião? Para nos tornar melhores.

— Então, Senhor, depois que eu tiver recebido a água viva da graça, terei de voltar todos os dias a este poço em busca de água, como até aqui?

— Sim, mulher da Samaria, virás buscar água todos os dias, mas não como antes. De hoje em diante, avançarás para o poço alegre e feliz, retomarás os teus deveres com uma canção nos lábios, e as azáfamas da tua casa já não te enegrecerão os dias nem te bastarão, porque irás oferecer um braço forte aos mais sobrecarregados que tu, sem querer outra recompensa senão a alegria de teres sido útil.

Deus é fiel às suas promessas. É uma verdade rigorosamente exata que Deus nos ajuda no trabalho, nos sustém nas dificuldades e nos consola nas provações. Mas isto não quer dizer, muito pelo contrário, que já não tenhamos de trabalhar, lutar e sofrer. O nosso quinhão continua a ser o de todos os homens. A diferença é que, unidos a Jesus Cristo, em vez de vergarmos sob o fardo, teremos forças para carregar com ele, aceitaremos com simplicidade a nossa sorte e o nosso trabalho, acreditaremos na fecundidade do sacrifício. Como diz Santo Agostinho: "Quando se ama, não se trabalha, ou, se se trabalha, ama-se o trabalho". *Ubi amatur, non laboratur, aut si laboratur labor amatur.* Eis a utilidade da religião.

* * *

A ilusão e, por conseguinte, a decepção de alguns católicos procede de julgarem que a prática religiosa deveria trazer-lhes facilidades espirituais, e verem por experiência que não é o que acontece como consequência natural.

"Por que continuar a orar se, quer eu reze quer não, não só os acontecimentos não mudarão, como eu próprio continuarei como sou?", dirão alguns. A humildade e o simples bom-senso levariam esses queixosos a rever primeiro a qualidade da sua oração, mas é mais cômodo condenar as coisas do que culpar a falta de empenho. "Eu frequento os sacramentos, mas não encontro neles a força para ser mais virtuoso, e nem sequer o modo de evitar o pecado. Ora, não ensina a Igreja que os sacramentos são um socorro imensamente eficaz?", dirão outros.

A Igreja não nos engana. São os cálculos dos que se vangloriam de estar dispensados de ir buscar água que os induzem em erro. Se a graça — e esta palavra significa a presença em nós da vida divina — tivesse por resultado evitar-nos o esforço, não seria um dom, seria um mal, porque favoreceria a nossa inércia: diminuir-nos-ia em vez de nos enriquecer.

Por outro lado, teologicamente, é um axioma que Deus não concede graças inúteis: por conseguinte, o concurso divino que é a graça não nos é dado para suprimir o nosso esforço, mas para nos tornar capazes de esforços maiores e de realizar assim um bem superior às nossas possibilidades naturais. Quando, nas vicissitudes da guerra, o comandante envia reforços às tropas prestes a serem dispersadas por um inimigo mais numeroso, a chegada desses reforços não autoriza os soldados que sofreram o primeiro embate a recuar para a retaguarda: devem continuar a combater, mas, apoiados pelos recém-chegados, já podem com eles passar ao contra-ataque. Tal é também a utilidade dos socorros que a oração e os sacramentos nos trazem: não nos dispensam de agir, reforçam a nossa ação.

Meditemos no que nos diz o Evangelho. As graças da vida cristã são como a semente, que germina, cresce e frutifica de acordo com os diferentes terrenos em que cai. Não podemos amaldiçoar a semente; temos de observar, lavrar e estrumar a terra. Não podemos deixar de acreditar nos socorros da religião; temos de esvaziar o nosso coração das paixões e, em primeiro lugar, da frouxidão que torna a graça estéril.

Recebemos a força de Jesus Cristo na Eucaristia. Ele une-se a nós. Mas será que nós nos unimos a Ele? Pela nossa parte, que damos? — Ah!, mas é a Ele que compete agir...

Semelhante estado de espírito é o do servo que escondeu o seu talento para não o perder, quando o seu dever era fazê-lo render pelo trabalho pessoal. Cristo rejeita impiedosamente esse servidor mau e preguiçoso. Preguiçoso, sem dúvida, mas mau? Que mal cometeu ele? — Não utilizou o dom de Deus.

Domina-nos a tentação, apesar de termos feito oração. Mas ao mesmo tempo, e até antes, era preciso vigiar. Os sacramentos não são talismãs, nem filtros que nos metamorfoseiem sem nós o sabermos. A verdadeira religião não tem nada de comum com a magia. Não esperemos de Deus que nos mude a natureza que nos deu, mas que nos ajude a melhorá--la por nós próprios. E se nos ajuda poderosamente a consegui-lo, reclama, por outro lado, um esforço meritório da nossa liberdade.

O nosso destino é tornarmo-nos filhos de Deus. Deveríamos ter o receio de abusar, não tanto por pedirmos demasiado — nunca pedimos o suficiente —, mas por recebermos muito. A nossa função não é somente *receber*, é especialmente *vir a ser*. "A todos os que o receberam, deu-lhes o poder de se tornarem filhos de Deus" (Jo 1, 12). Analisemos as palavras desta frase que nos é familiar. Sem dúvida, é ao Verbo encarnado e só a Ele que devemos a nossa participação na raça divina — "nascemos de Deus" (cf. Jo 1, 13) —, mas resta-nos proporcionar a cooperação indispensável ao dom divino que nos dá o poder de nos tornarmos filhos de Deus.

Para que serve a religião? Para nos permitir *vir a ser*. Vir a ser melhores, vir a ser alguém, vir a ser homens perfeitamente equilibrados. Vir a ser filhos de Deus. Podemos crescer fisicamente e, no entanto, não passar de uma criança grande: não nos tornamos adultos senão por um esforço moral voluntário, corajoso, prolongado e muitas vezes doloroso. Do mesmo modo, para virmos a ser filhos de Deus, devemos corresponder ao dom gratuito, aos inumeráveis socorros que Cristo nos comunica pela sua Igreja, com a nossa energia, a nossa paciência, a nossa tenacidade. É, pois, necessário continuar a tirar água e tirá-la sempre, isto é, vigiar, resistir, lutar.

Cada confissão é um socorro que nos dá a coragem de realizar os sacrifícios que nos farão melhores; mas a absolvição sacramental não suprime os sacrifícios, antes pelo contrário, inspira outros novos e mais duros. Cada comunhão é um socorro que nos leva a despojar-nos do nosso egoísmo para nos unirmos a Jesus Cristo; mas a Eucaristia não suprime o nosso egoísmo nem a necessidade de renúncia, antes aumenta ainda mais a nossa renúncia, e leva-nos a perseguir o egoísmo próprio até aos seus últimos redutos.

Orar não é somente ficar à espera, é comprometer-se destemidamente a fazer a vontade de Deus e entregar-se inteiramente a ela. É lamentável ouvir dizer: "A religião não me modifica". É que seria preciso modificar a concepção utilitarista e preguiçosa que fazemos da religião, e substituir os nossos cálculos egoístas por um pouco mais de amor.

Porque Jesus veio ensinar que Deus nos ama: "Ele foi o primeiro a amar-nos" (Jo 4, 10). É por isso que o agradecimento será o primeiro dos nossos sentimentos religiosos. Não obedecemos a Deus para receber os seus favores, mas porque, tendo recebido tudo dEle, só pelo agradecimento temos a maneira de pagar essa dívida sagrada. Servimo-lo, não para que nos prove a sua bondade, mas porque no-la provou. Não ignoramos que Ele nos reserva ainda uma infinidade de benefícios, mas deixamo-los todos nas suas mãos, para que no-los distribua como quiser. É a Ele que amamos muito; mais a Ele do que àquilo que nos dá.

"Cuida de mim — dizia o Senhor a Santa Catarina de Sena —, e Eu cuidarei de ti". Não devemos andar com a preocupação das nossas coisas, antes confiar a Deus os interesses da nossa vida, os da nossa alma, a nossa sorte eterna, para só procurarmos a sua glória, o seu reino e a sua vontade. Essa é que deve ser a nossa única preocupação.

Esquecemos a nossa pessoa para entrarmos na obra de Deus. Renunciamos a servir-nos da religião para passarmos a servir a nossa religião, a servir a Deus sobre a terra na pessoa dos nossos irmãos.

Não podemos fazer mais cálculos egoístas. O problema do nosso progresso moral e da nossa própria salvação resolve-se pelo duplo amor a Deus e ao próximo. Quando provamos a água que Jesus nos deu a beber, o amor por nós mesmos transforma-se e expande-se em caridade.

A INTELIGÊNCIA DO PECADO

> *"Disse-lhe Jesus: «Vai, chama teu marido e volta cá». A mulher respondeu: «Não tenho marido». Disse Jesus: «Tens razão em dizer que não tens marido. Tiveste cinco maridos, e o que agora tens não é teu. Nisto disseste a verdade». «Senhor», disse-lhe a mulher, «vejo que és profeta.»"*
>
> (Jo 4, 16-19)

A verdade divina é inacessível ao espírito do homem enquanto a sua vontade estiver cativa do pecado. Os descrentes que iam à pequena aldeia d'Ars consultar o santo pároco sobre as dificuldades que os retinham apartados da fé, ouviam-no dizer invariavelmente: "Comece por confessar-se". Quando Charles de Foucauld se apresentou ao padre Huvelin para lhe pedir que lhe esclarecesse as suas dúvidas de fé, recebeu a mesma resposta: "Ponha-se de joelhos, confesse-se e acreditará". "Mas eu não vim aqui para isso". "Confesse-se". O futuro eremita do Saara ajoelhou-se e as suas dúvidas desapareceram logo.

É este o curso habitual de todas as conversões. — "Confessar-me! Mas se ainda não cheguei a esse ponto!", exclamam os homens que procuram sempre, mas em vão, a verdade. — "Pois bem! Sim, exatamente aí estais no ponto em que entre Deus e vós só existem os nevoeiros do pecado. No preciso momento em que declarardes as vossas faltas, os vossos olhos abrir-se-ão à luz".

Só os corações puros podem ver a Deus, declarava Jesus Cristo, e Ele vai pôr termo às indecisões da Samaritana levando-a a ganhar consciência dos seus pecados.

É com o maior cuidado que Cristo consegue vencer a pecadora que ainda não venceu o seu orgulho. Não lhe sai dos lábios uma só palavra severa, não dirige à mulher nenhuma censura, evita cuidadosamente humilhá-la. Contenta-se com tomar posse dessa consciência que se debaterá e porfiará, até que a tenha completamente na mão.

A mulher tenta escapar à primeira investida do Salvador, dizendo-lhe que não é casada. É verdade e não é verdade. Ela não mente, procura desviar o assunto. Contudo, nesse furtar-se, Jesus percebe que há nela menos arrogância que tristeza, mas também não a repreende pelo seu subterfúgio: tem piedade da infeliz.

Muitos comentaristas pretendem que, antes de ter vivido desencaminhada, a Samaritana tinha contraído cinco casamentos regulares. Mas é difícil admitir que tivesse ficado viúva cinco vezes. Teríamos então de supor que fora repudiada diversas vezes; mas o motivo pelo qual a lei de Moisés autorizava o libelo de repúdio também não é de molde a favorecê-la. Assim, eu me inclinaria pela opinião de São João Crisóstomo, que acha mais provável a ilegitimidade das uniões dessa mulher.

Um pouco mais adiante, efetivamente, ouvimo-la dizer aos habitantes de Sicar: "Vinde ver um homem que me disse tudo o que eu tenho feito". Jesus, pois, não lhe descobriu apenas a sua falta atual, mas todas as que tinha cometido. Provavelmente, o passado não valia mais que o presente.

Em face dessa revelação inesperada, a infeliz parece simplesmente impressionada com o caráter daquele homem que pode ler na sua vida, mas o seguimento do relato não deixa dúvidas sobre o seu arrependimento. Quando diz: "Senhor, vejo que és um profeta", é como se dissesse: "Senhor, tu sabias da minha vida quando me aproximei do poço, e não te afastaste de mim! Conhecias a minha indignidade quando me prometias a água viva da salvação".

Talvez fizéssemos melhor juízo da Samaritana se a víssemos romper em soluços e cair aos pés do Salvador, como a pecadora em casa de Simão (cf. Lc 7, 36-50). Temos de acreditar, contudo, na experiência dos pecadores convertidos. Quando se acusam pela primeira vez das suas desordens, não alcançam ainda toda a sua gravidade, estão completamente entregues à felicidade de sentir cair o peso que os oprimia. Só mais tarde, quando a graça santificante os tiver esclarecido, é que compreenderão melhor a sua culpa; então haverão de deplorá-la com uma amargura que não tinham sentido na ocasião, e chorarão as suas faltas ainda muito tempo depois de Deus lhas ter perdoado.

Por outro lado, a concisão dos Evangelhos não nos oferece, inevitavelmente, senão um resumo muito sucinto das conversações e dos gestos de Jesus. A cena que meditamos durou certamente mais tempo do que o que levamos a ler as quatro linhas que no-la dão a conhecer.

Entre as particularidades dos relatos evangélicos, cada um dos redatores aproveitou as que correspondiam à sua maneira de ser pessoal, ou ao fim especial que queriam atingir. É provável que, se São Lucas tivesse relatado este episódio, tivesse registrado esse estremecimento de emoção que ele sabe pôr em todas as passagens em que o seu livro nos mostra Jesus concedendo o perdão aos pecadores. O pensamento de São João é diferente: prende-se menos com a crise sentimental de uma conversão do que com o seu aspecto espiritual. Desde o prólogo do seu Evangelho até ao fim do capítulo XII, é bem outro o drama que descreve — o da luta entre a luz e as trevas. De um lado, Jesus que vem trazer a luz ao mundo das almas, e, do outro, contra Ele, as trevas do pecado que se opõem e resistem à ação da luz. O Filho de Deus multiplica os apelos patéticos aos homens que caminham nas trevas e vão em direção à morte, suplica-lhes que se aproximem da vida, que se tornem filhos da luz. Foi nesta perspectiva que São João situou a conversão da Samaritana. A pecadora nada via — nada podia ver — enquanto os seus pecados a cegavam. Desde o instante em que se reconhece culpada, a luz penetra na sua alma.

Esta verdade, sobrenatural e psicológica ao mesmo tempo, pode suscitar as nossas reflexões.

A INTELIGÊNCIA DO PECADO

* * *

As trevas simbolizam a cegueira do espírito, que Santo Agostinho compara a uma venda sobre os olhos: os olhos deixam de poder ver os objetos que os cercam ou mesmo o véu que os esconde. Por isso, o pecador cego está alheio aos pensamentos da fé e aos valores espirituais, e é igualmente insensível ao estado de pecado que provoca a sua cegueira moral. A sua cegueira consiste em não se reconhecer pecador.

Pretextos não faltam. O pecador entrincheira-se por detrás da fatalidade que em seu entender comanda as nossas ações (o que não o impede de atribuir a si o mérito do bem que faz, nem de condenar aqueles que procedem mal com ele), ou então diz que seguir a natureza não pode constituir uma desordem (como se o homem virtuoso não honrasse a natureza humana precisamente por resistir às suas más inclinações), ou ainda está persuadido de que aquilo a que chamamos orgulho, ambição, luxúria, se não se prejudica o próximo, não pode ofender a Deus, que está muito acima de nós (embora infringir as suas leis seja muito simplesmente usurpar-lhe o lugar, substituindo a sua vontade pela nossa).

A heresia capital da humanidade pecadora é, pois, a negação do pecado. Se o pecado não existe, para que vencer os nossos instintos? Para que progredir moral e espiritualmente, se nos sentimos realizados com o nosso modo de ser e agir? Para que afligir-nos com as desventuras humanas e tentar socorrê-las, se assim perturbamos a "paz" das nossas opulências e caprichos satisfeitos? Um coração envenenado pelo egoísmo não pode vibrar com nada. Quereis apaixoná-lo pela justiça? Sorri. Falais-lhe do amor de Deus? Não compreende. Quanto ao mais, está muito tranquilo, porque o remorso não o perturba. Um homem que não se confessa pecador não tem necessidade de nenhum Salvador: para ele, o cristianismo é uma língua indecifrável.

Talvez se torne necessário passar ao lado desses pecadores cegos com a dura e altiva indiferença de Pascal: "Aqueles que acreditam que o bem do homem está na carne, e o mal naquilo que os aparta dos prazeres dos sentidos, que se embriaguem com isso e nisso morram..."

Bastar-nos-á ter a esperança de que tais egoístas inconscientes se voltem à hora da morte para o Deus que desprezaram durante toda a vida? Serão eles semelhantes à toupeira que, vivendo debaixo da terra, conserva os olhos sempre fechados, e que, quando vai morrer, dizem que sai do seu buraco e vê, enfim, a luz pela primeira e última vez? É preciso rezar para que a palavra de Jesus ressoe nesses ouvidos: "Chama o teu marido". Vai procurar o teu pecado.

O sol não dissipará as trevas dos que não queiram começar por reconhecer que vivem nas trevas. Mas hão de salvar-se no dia em que, como nós todos os dias, baterem no peito e disserem: "Pequei!" Começamos a sair do pecado quando confessamos: "Pratiquei o mal, fui injusto com os meus irmãos, abandonei o bem". Nesse momento, rasgam-se as trevas e já é possível acrescentar: "Ofendi a Deus", porque Deus se dá a conhecer aos que rejeitam o seu pecado. Desde que nos condenemos a nós próprios, Jesus Cristo perdoa-nos. Quando estamos convencidos de que somos pecadores, quando temos a coragem de dizer a nós próprios: "És um egoísta", o arrependimento e a atitude humilde preparam a regeneração do nosso coração. Ao reconhecimento da nossa culpa, Jesus responde dando-nos a certeza de que podemos vencer o mal. Ao acusarmo-nos, descobrimos subitamente que valemos mais e podemos mais do que tudo o que tenhamos sido e feito.

Depois deste passo, Cristo detém-nos e sugere-nos uma penitência eficaz: faz-nos desejar a virtude. Segura-nos e, se recaímos, levanta-nos imediatamente e torna a perdoar-nos, porque repetimos: "Pequei!"

Aliás, é condição do progresso que não esqueçamos a nossa condição de pecadores. Quanto mais avançamos para a santidade, mais agudo se torna o nosso sentido do pecado. Podemos mesmo afirmar que o sentido do pecado é a pedra de toque da virtude. Quando uma consciência se torna delicada, vê faltas onde a sua mediocridade de outrora não descobria nada. Inversamente, se permanecemos surdos às censuras que a consciência nos dirige, temos a prova inequívoca de que voltamos as costas à luz.

Jesus e a SAMARITANA

* * *

De resto, as resoluções impõem-se não só ao pecador cego, mas também a nós, que nascemos na luz. Perguntemo-nos se a nossa fé é viva, se o Evangelho é o ideal que não nos permite repousar, se o Filho do homem é o amigo de todas as horas. Quando não podemos responder a estas perguntas com um sim categórico, caminhamos em direção às trevas.

"Aquele que faz o mal detesta a luz, com medo de que as suas obras sejam reprovadas", disse Jesus (Jo 3, 20). Eis-nos tentados a protestar: "Nós não fugimos da luz, não odiamos a verdade". Bossuet adverte-nos: "Quando a verdade, não contente de nos mostrar o que é, vem manifestar-nos o que somos, então, como se tivesse perdido toda a sua beleza ao descobrir-nos a nossa fealdade, começamos imediatamente a odiá-la, e esse belo espelho desagrada-nos porque é demasiado fiel".

Talvez possamos dizer que nunca odiamos a luz, mas pretenderemos afirmar que nunca tivemos medo dela? Não é o medo de ver claro demais que explica em tantos cristãos a pouca regularidade e a insuficiência dos seus exames de consciência? Temos de ser fiéis todas as noites a esse encontro entre Cristo e o nosso coração. Bossuet escrevia ao marechal de Bellefonds: "Tenho medo do meu exame de consciência, tremo até à medula dos ossos; e, apesar disso, é preciso que chegue até esse horror de mim próprio". Não tenhamos medo de descer até ao fundo de nós mesmos: não encontraremos lá apenas as misérias horríveis que assustavam Bossuet; a nossa consciência irá também mostrar-nos o que Deus nos pede e aquilo de que nos torna capazes de realizar.

Conseguiremos chegar a não ser pecadores? Seria demasiado belo. Mas já será muito bom se nunca nos perdoarmos de o termos sido, quer dizer, se conservarmos o sentido do pecado, se não tivermos medo da luz.

O CULTO NOVO

> "«Os nossos pais adoraram neste monte, mas vós dizeis que é em Jerusalém que se deve adorar». Jesus respondeu: «Mulher, acredita-me, vem a hora em que não adorareis o Pai, nem neste monte nem em Jerusalém. Vós adorais o que não conheceis, nós adoramos o que conhecemos, porque a salvação vem dos judeus.»"
>
> (Jo 4, 20-22)

O quarto Evangelho contém mais de uma frase cuja concisão poderia repelir um leitor apressado. Dos três versículos acabados de citar, o último deu lugar, só por si, a comentários tão numerosos e tão diversos que nos desculpam de não conseguirmos penetrar no pensamento do evangelista. Mas se alguns matizes nos podem escapar, é mais por excesso que por falta de luminosidade. Se os nossos olhos são incapazes de fitar o sol, é sobretudo porque o sol é brilhante demais. Acontece o mesmo com alguns textos do Evangelho: a dificuldade em analisá-los está na razão direta do seu poder de iluminar.

Sem nos entregarmos, portanto, a um trabalho de exegese, deixemo-nos banhar pela luz das palavras de Cristo. Nesta passagem e nos dois versículos que se seguem, o Senhor expõe-nos os princípios que regularão daí em diante o culto religioso: proscrevem-se os velhos ritos, condenam-se também as inovações humanas. Mas eu quereria previamente chamar mais uma vez a atenção para os métodos de ensino do Salvador. É uma arte tão difícil, a de conduzir o espírito à verdade! É por isso que não podemos pôr de parte nenhum dos exemplos que Cristo nos dá.

* * *

Alguns pretenderam ver na pressa da Samaritana em abordar uma controvérsia religiosa o desejo de retomar a supremacia sobre o profeta que a tinha convencido de pecado. Seria difamá-la temerariamente. Será que não se pode fazer uma pergunta sem que logo se desconfie que se tem mau espírito? Não teria a mulher o direito de esclarecer uma dúvida? Ora, a quem a não ser a Cristo, que acaba de despertar a sua consciência, pediria ela um acréscimo de luz?

Parece-me, pelo contrário, distinguir na sua pergunta uma nota de tristeza. Jesus ganhou-lhe a alma, e ela sente que de futuro fará tudo o que Ele pedir. E é isso que presentemente a aflige.

Uma conversão não é uma emoção passageira, nascida do arrependimento pungente de um passado que nos envergonha. A hora em que se confessa a falta é doce. Mas vêm depois os dias seguintes, e os dias seguintes são inquietantes. Amanhã, o entusiasmo terá talvez desaparecido. A hora da promessa é entusiasmante: os longos dias em que se tem de levá-la à prática são frios e duros. Uma conversão implica uma mudança de conduta, um corte nos hábitos. "Os nossos pais adoraram neste monte..." Teria a Samaritana de renunciar às tradições religiosas do seu povo?

Não são poucas as fibras sensíveis em que o convertido tem de tocar com o ferro em brasa. Converter-se do pecado proporciona um alívio, mas quando também é necessário mudar de crenças, o sacrifício torna-se mais doloroso. Surgem os escrúpulos. Não rezar da mesma forma como o faziam os pais não é renegar um pouco aqueles a quem se venera e se ama? Quando foi do Movimento de Oxford, Newman e Faber passaram para o catolicismo romano, mas Keble e Pusey, que também se tinham apartado com eles dos erros protestantes, não se decidiram a abandonar a Igreja anglicana, a Igreja dos seus pais e da sua pátria.

Cristo não ignorava a extensão do sacrifício que pedia aos que o seguiam, porque falou da espada que veio trazer à terra: "Vim separar o filho de seu pai, a filha da sua mãe" (Mt 10, 34-35). É preciso amá-lo até esse ponto, amá-lo mais que ao pai e à mãe, mas esse novo amor não suprime no convertido o sofrimento dos despedaçamentos interiores. "Os nossos pais adoraram neste monte", diz a Samaritana, enquanto indica com a mão o monte Garizim, onde outrora se levantava o templo de Manassés. Mesmo depois de o Sumo Sacerdote judeu, João Hircano, o ter destruído, os samaritanos tinham continuado a subir a esse lugar para oferecer os sacrifícios rituais. Era ali que todos eles rezavam, ali que continuavam a reunir-se por ocasião das festas. Teria ela que abandonar agora o culto da sua raça, e ir, escondida entre a multidão dos judeus, rezar a Jerusalém?

Temos de admirar a maneira como Jesus acalma a inquietação da interlocutora. É muito fácil expor o dogma objetivamente e concluir: é pegar ou largar. Mas se aquele a quem instruímos não está ainda preparado para receber todos os artigos de fé, é bem possível que volte a refugiar-se nas suas antigas posições. Por isso, o Mestre usa para com a neófita das mais delicadas precauções: "Mulher, acredita-me". Tem confiança. Acredita naquele que se mostrou a par do teu passado e do teu presente. Podes duvidar de que não te diga a verdade?

Depois, vai gradualmente. Quem tem razão, os judeus ou os samaritanos? Jesus não lho diz no primeiro momento. Para que assustá-la inutilmente, se o culto de uns e de outros deverá ceder o lugar a uma religião da qual será banido todo o particularismo? Tranquiliza-a: os verdadeiros adoradores de Deus não terão que dirigir-se nem ao monte Garizim nem à montanha de Sião. As susceptibilidades patrióticas da convertida estão a salvo.

Tendo-a acalmado, Jesus já pode fazê-la entender uma verdade mais dura. Os dois cultos devem desaparecer, efetivamente, mas o culto novo e universal sairá da religião de Israel, aquela que se conservou fiel à revelação divina, ao passo que a dos samaritanos foi corrompida pela ignorância dos homens.

O Evangelho continua e completa os profetas que a Samaria repudiou, e serão os judeus que darão ao mundo o Salvador.

Para levar pouco a pouco os espíritos que nos consultam a aderir à fé católica, não podemos propor de começo mais que as doutrinas que eles estejam preparados para compreender. Esta primeira aquiescência fará talvez cair as outras resistências que possam ter. Pelo menos assim a verdade lhes parecerá menos árdua. Experimentarão o que Wareing prometia a Faber, ainda hesitante em entrar na Igreja Católica: "Quando se começa por um verdadeiro desejo de coração de abraçar a verdade, encontra-se também a paz e a satisfação numa multidão de pormenores que antes eram motivo de preocupação e perplexidade".

* * *

Depois deste preâmbulo, é preciso expor o ensinamento propriamente dito de Cristo. A objeção da Samaritana começa assim: "Os nossos pais adoraram", e Jesus termina a primeira das suas respostas com estas palavras: "Os verdadeiros adoradores adorarão o Pai". O problema muda subitamente de aspecto. A religião não é uma tradição de homens: é uma homenagem a Deus.

Cristo anuncia o desabar das religiões de raça e dos cultos nacionais: todos os homens são igualmente filhos do mesmo Pai. Mais adiante, voltará a dizê-lo em termos comoventes, ao falar do seu desejo de levar a humanidade a conhecer um só redil sob o cajado de um só pastor. O templo de Jerusalém será destruído, como o de Garizim tinha sido arrasado. Mas a imensidade de Deus não está fechada em edifícios construídos pela mão do homem. Não há um lugar exclusivo para encontrar a Deus, nem um dia ou momento determinado em que Ele nos conceda audiência. É sempre e em toda a parte que lhe damos graças: *semper et ubique,* como se diz no prefácio da missa.

Tal é a Igreja universal que Jesus anuncia à Samaritana e à qual chama todos os homens de boa vontade que podem dar a Deus o nome de Pai. Jesus substitui os sacrifícios antigos pelo ato essencial da adoração, que brota do coração humano e pode alcançar em qualquer lugar e sempre o amor do Pai dos céus.

Aqui, já não é a Samaritana que abre os olhos, pasmada, mas muitos dos nossos contemporâneos, que se escandalizam de que a vontade de Cristo não tenha sido respeitada pelos seus discípulos. O universo cristão, com efeito, está povoado de basílicas, igrejas e capelas. Temos temporadas fixas de oração e penitência. Uma liturgia minuciosa regula os nossos ritos religiosos nos menores aspectos. Vamos em peregrinação à Terra Santa, a Roma, a Assis, a Lourdes, a Fátima. Teremos então traído as intenções do Mestre?

Mas o intérprete mais seguro do pensamento de Cristo é o próprio Cristo. Ora bem, como qualquer um de nós, Ele teve gestos externos que nos ajudam a adorar o Pai. Como nós, pôs-se de joelhos para rezar. Afastava-se da multidão para orar. Tinha preferência por lugares altos, onde encontrava mais silêncio.

Quando traça as grandes linhas do ministério dos Apóstolos, manda-os batizar, o que é executar um rito. Confia-lhes o poder de perdoar os pecados, com o que institui intermediários entre o Pai e os seus adoradores. É Ele quem lhes ordena que repitam a Ceia eucarística: "Fazei isto em memória de mim" (Lc 22, 19). É Ele que lhes recomenda também que não se afastem de Jerusalém, porque será ali, naquele lugar, e não em outro, que receberão o Espírito Santo, E quando os deixa definitivamente, o seu gesto de adeus é um gesto ritual: "Tendo levantado as mãos, abençoou-os" (Lc 24, 50).

Se queremos, pois, evitar o ridículo de opor Jesus Cristo a Ele próprio, é preciso concordar que o culto universal e interior que quis estabelecer não exclui as reuniões para fazer oração nem os ritos exteriores. Jesus não condenou Garizim, como também não proscreveu a colina de Sião, mas afirma o seu caráter secundário em relação à adoração interior. Não são os lugares que santificam o homem, mas sim a oração que o une a Deus.

A Samaritana exaltava a fama de Garizim e nem tinha consciência de que vivia em pecado. As procissões e os sacrifícios em que tomava parte nunca lhe tinham aberto os olhos sobre a sua conduta... Mas as liturgias do templo de Jerusalém não santificaram mais os sacerdotes e doutores da Lei, que enviaram Jesus à morte...

As manifestações exteriores de religião serão vãs se a nossa vida não for religiosa. Jesus repete constantemente o aviso inspirado por Deus aos profetas: "Bastam já os sacrifícios de carneiros e a gordura dos bezerros. Que me importa o incenso trazido de Sabá? As vossas neomênias e as vossas festas aborrecem-me. Eu não posso ver ao mesmo tempo o crime e a assembleia solene. Retirai antes de diante dos meus olhos a malícia das vossas ações e aprendei a praticar o bem" (Is 1, 11-17; Jer 6, 20).

Não é isso mesmo que Jesus nos pede quando diz: adorareis o Pai em todos os lugares e sempre, quer dizer, não somente num templo, mas na vossa casa, na vossa vida de todos os dias, não apenas observando as prescrições rituais, mas também obedecendo às leis de Deus na conduta diária?

No entanto, se o culto exterior não passa de uma fachada enganadora quando recobre uma vida de infidelidade, não se conclui daí que mereça reprovação. É legítimo porque — e na medida em que — nos ajuda a encontrar Deus dentro de nós. Tem um valor para nós, não para Deus. Deus não tem necessidade das nossas genuflexões e dos nossos templos para se unir a nós. Somos nós que, para o encontrar, temos necessidade do recolhimento das nossas igrejas e da oração coletiva, e mais ainda da absolvição sacramental e da Eucaristia.

Jesus não aceita uma religião puramente formalista, mas truncaríamos a sua doutrina se dela quiséssemos deduzir que libertou a manifestação religiosa de toda a liturgia, de toda a disciplina, e menos ainda de toda a dogmática. Ele dá-nos o seu pensamento total numa fórmula que em breve meditaremos: a adoração em espírito e em verdade.

Com esta ressalva, temos de ver com alegria o edital libertador que Jesus Cristo promulgou junto do poço de Jacó, e contemplar a religião tal como Ele a anunciou, tão vasta como o coração de Deus e chamada a reunir todos aqueles que adorarão o Pai.

Por isso, não devemos reparar nas deformações que o erro ou o pecado dos homens infligiram à instituição perfeita de Cristo. Temos de esquecer por um instante as dissidências que mutilaram a sua Igreja, juntar com o pensamento todos esses corações de homens que há dois mil anos vêm estremecendo ante os acenos profundos do Evangelho, sob todos os climas, em todas as condições, por entre todas as vicissitudes. Jesus não falou em vão à pecadora convertida.

E nós, que nos sentimos felizes por pertencermos à Igreja Católica, a qual, a despeito das perpétuas perseguições e apesar das faltas dos seus filhos, não rompeu nunca o vínculo que a une aos primeiros apóstolos de Cristo, nós que somos o centro da ação do Espírito Santo sobre a nossa raça, temos de contemplar, à nossa volta, essa única e verdadeira Igreja universal, onde o nosso espírito quer fazer entrar todas as almas de boa vontade que não partilham da nossa fé. Por trás de símbolos muitas vezes grosseiros, de cultos parasitários, que fazem esses adoradores que andam no erro senão balbuciar incorretamente o nome do nosso Pai? E quantos homens da nossa civilização, semelhantes aos atenienses do tempo de São Paulo, não procuram o Deus desconhecido?

Discípulos de Cristo, não devemos excomungar aqueles que não sobem a Garizim nem a Jerusalém. Pelo contrário, devemos pedir ao Pai que se revele aos cegos que clamam por Ele do fundo do coração. Temos de espalhar a verdade pelo mundo, mas o nosso respeito pela verdade não deve abafar em nós a caridade; é preciso que saibamos estender fraternalmente a mão a todos aqueles que não têm consciência do seu descaminho ao seguirem as tradições de seus pais. Não havemos de ter por irmão nosso um homem que procura a Deus, um homem que professa lealmente determinada religião?

Não pode passar um só dia sem que oremos apaixonadamente para que o reino de Deus chegue até esses milhões de seres de boa vontade, para que o nosso mundo — em quantos séculos não importa — possa oferecer a Cristo o espetáculo de uma Igreja, onde o Pastor único tenha agrupado todos os adoradores do Pai.

A UNIDADE NA VERDADE

"Vós adorais o que não conheceis, nós adoramos o que conhecemos, porque a salvação vem dos judeus."

(Jo 4, 22)

Cheio de respeito pela boa fé da Samaritana, Jesus não hesita, contudo, em dizer-lhe que o culto dos seus compatriotas radica no erro: "Vós adorais o que não conheceis".

É certo que Deus não pode manter afastados dEle os homens que, encontrando-se — sem culpa da sua parte — fora da Igreja Católica, se voltam para Ele com um coração reto e dócil. Esses fazem parte da sociedade dos justos a que a teologia chama a Igreja invisível, ou a alma da Igreja. Só Deus conhece o número dos seus eleitos.

Mas enganar-nos-íamos lamentavelmente se pensássemos que, ao abolir os cultos antigos, Cristo legitimou ao mesmo tempo o individualismo em matéria de religião. A exegese racionalista pretende que, no diálogo com a Samaritana, Cristo substituiu as formas tradicionais da religião pelo sentimento religioso. A religião de Jesus Cristo consistiria somente na confiança em Deus Pai e na obediência aos preceitos do Evangelho, sem implicar a pertença a alguma Igreja. Se fosse assim, o catolicismo teria descido ao nível dos antigos cultos proscritos. E seria injustificável a sua pretensão de apresentar-se como a única expressão autêntica do cristianismo, bem como inaceitável o seu proselitismo intolerante e tal como se exerce, especialmente entre os pagãos: por que tenta convertê-los e retirar esses povos das tradições que fazem corpo com a sua raça e a sua história? Jesus Cristo ordenou apenas a adoração em espírito e verdade.

Acontece porém, que, aos adoradores que o Pai pede, Cristo achou por bem estabelecer uma doutrina, preceitos, uma regra de oração, chefes para proverem às suas necessidades espirituais, isto é, todos os elementos que constituem uma religião positiva. A adoração em espírito e verdade não consagra a independência nem quanto às verdades de fé nem quanto à sua prática.

"Adorareis o Pai". Tudo está nisso, certamente. Mas nós só alcançamos o Pai por Cristo e só conhecemos Cristo pela Igreja. Importa recordar estes dois princípios que prescrevem, contra o individualismo dissolvente, a lei da unidade religiosa ao mesmo tempo que o dever do apostolado.

* * *

A unidade religiosa só pode fundar-se na verdade, e a verdade é uma.

Quando do primeiro congresso de religiões que teve lugar em Chicago em 1893, os homens lá presentes que representavam quase todas as denominações religiosas do universo puderam, sem renegarem nada da sua fé particular, recitar juntos o "Pai-Nosso". Visão de Pentecostes, dizia-se, que se deveria transportar para a realidade corrente. Querer-se-ia pelo menos "unir toda a religião contra toda a irreligião". Censurava-se o catolicismo de confundir unidade com uniformidade: não poderia cada qual, conforme a sua maneira de ser espiritual, as suas tradições e o seu meio, traduzir livremente o mesmo sentimento fundamental de adoração ao Pai?

Mas o erro de todos os sincretismos é forjar uma união exterior através de semelhanças verbais, quando só a identidade das doutrinas pode criar a unidade real.

A unidade religiosa não se obterá pela fusão de crenças contraditórias que levam a preceitos morais de valor desigual. Poderá haver equivalência entre a obrigação do cristão de tender à perfeição pelo sacrifício dos seus instintos egoístas, e a doutrina de pessimismo e de autoaniquilamento do budismo? Será possível um paralelo entre as doutrinas das Bem-aventuranças e o paraíso voluptuoso do Islã, que se acomoda a uma regra de costumes espantosamente fáceis, incapazes de elevar o nível moral da humanidade? Tais concepções religiosas são absolutamente inconciliáveis com o Evangelho. "Que pode haver de comum entre a luz e as trevas, que compatibilidade entre Cristo e Belial?" (2 Cor 6, 15).

A religião "universal" deve, sem dúvida, poder juntar *todos os homens*, mas deve comunicar-se ao *homem todo inteiro*, deve chamar e conduzir *todo o homem ao mais alto ideal da vida*. Ora, a transcendência do cristianismo, considerado tanto na sua doutrina como nos seus efeitos, diz-nos clarissimamente que a unidade religiosa só se poderá fazer em torno de Jesus Cristo.

A moral pregada pelo cristianismo não é apenas um conjunto de preceitos, dos quais cada qual possa, conforme as suas conveniências, aceitar uns e rejeitar outros: forma um todo perfeitamente coerente e indivisível. Por exemplo, não poderemos sacrificar-nos pela justiça se pusermos em dúvida a fecundidade da renúncia iluminada pela doutrina da cruz. A moral de Jesus forma um bloco que tem por fundamento necessário a fé cristã.

Não há dúvida de que a chave da abóbada deste edifício doutrinal é a paternidade de Deus, mas esta expressão não é uma simples metáfora, como também a adoração ao Pai não é uma vaga elevação para a bondade soberana do Criador. Pede a adesão incondicional à doutrina de Cristo, porque "ninguém conhece o Pai senão o Filho e aquele a quem o Filho o quiser revelar" (Mt 11, 27). A paternidade de Deus deixa de ser um sentimento, sinônimo de proteção e de bondade — sobre o qual os espíritos humanos mais diversos poderiam estar de acordo —, para ser uma realidade da qual tomamos conhecimento unicamente pelo Filho: cremos no Pai porque conhecemos o Filho. O Filho faz-nos compreender o Pai. Por Jesus, sabemos que o Pai quer salvar todos os homens: foi para isso que nos enviou o seu Filho, não um profeta, não um homem que pela sua santidade merecesse mais especialmente o título de filho de Deus, mas o seu Filho único (Jo 3, 16). Há um Filho como há um Pai.

Além disso, foi por esse Filho único que fomos libertados da condenação que, pelo pecado, pesava sobre a nossa raça, e assim tivemos acesso ao Pai. O homem, resgatado, pode de agora em diante entrar de novo em graça e chegar ao Pai. Mas por si só, não pode. "Ninguém — diz ainda Jesus — vem ao Pai senão por mim" (Jo 14, 6). Precisaremos de uma declaração mais categórica e mais precisa? Não se pode amar o Pai se não se ama Jesus, não se pode amar o Pai se o Espírito de Cristo não ora dentro de nós. A fé em Cristo, na sua obra e em toda a sua doutrina, é o único caminho que leva ao Pai.

A adoração ao Pai é, pois, inseparável da união com o Filho de Deus, por intermédio do Espírito Santo. É toda a doutrina trinitária. Desta maneira deixamos nitidamente a linguagem das parábolas; estamos num terreno verdadeiramente dogmático.

Sem dúvida, Deus é um Pai para todos os homens. A fé ou a incredulidade, a virtude ou o pecado, em que porventura se encontram, não modificam as disposições imutáveis de Deus a seu respeito. Mas, na doutrina do Evangelho, Deus é mais do que um Pai. É o Pai. Jesus não diz à Samaritana: adorareis um Pai, tal como o vosso pensamento o pode conceber. Diz-lhe: "Adorareis o Pai" — o Pai a quem está unido substancialmente o Filho que no-lo deu a conhecer —, o Pai a quem o Espírito nos une se damos ao Filho a inteira adesão da nossa fé e da nossa vontade.

Resumindo, a adoração ao Pai não é uma maneira de falar que possa ser adotada indiferentemente pelos adeptos das mil e uma religiões diferentes em que a humanidade está repartida. O culto ao Pai implica a aceitação de toda a doutrina cristã. A unidade não pode basear-se num mal-entendido; só é sólida se se fundamenta na realidade. A religião universal tem por base o reconhecimento das verdades evangélicas.

Mas ainda aqui e talvez ainda mais, encontramos partidários do individualismo religioso que nos replicam: aceitamos o cristianismo, mas não a Igreja Católica.

* * *

No entanto, do mesmo modo que não alcançamos o Pai senão por Cristo, só encontraremos Cristo na Igreja.

Esta afirmação suscita imediatamente em milhares de pessoas uma revolta: "É precisamente por causa da Igreja que muitos dos nossos contemporâneos se afastam de Cristo. Aderem de boa vontade ao Evangelho, mas recusam-se a passar pelas fórmulas dogmáticas e inumeráveis prescrições da Igreja, tão manifestamente acrescentadas pelos homens à doutrina simplicíssima de Jesus*.

Mas vejamos. Em primeiro lugar, sem a Igreja nunca teríamos conhecido o Evangelho. Quem no-lo deu a conhecer? Foram os homens, certamente. Mas homens a quem o Senhor tinha confiado a regeneração do mundo e que, depois de terem pregado a doutrina da salvação, redigiram os primeiros catecismos da Igreja, esses pequenos Evangelhos que não nos cansamos de ler.

Certamente, não temos mais que molhar a mão na água corrente para tirar o gole que nos basta para matar a sede. Mas não refletimos em que não teríamos essas poucas gotas de água se uma fonte inesgotável não alimentasse a camada extensa do fundo do poço ou do ribeiro que no-la fornece. Não temos o copo de água sem o rio. Ora, o rio que nos permite saciar a nossa sede de Deus é a Igreja. Sem ela, conheceríamos verdadeiramente Jesus Cristo? E sobretudo, amá-lo-íamos? Imaginemos o que aconteceria se os nossos quatro Evangelhos não fossem mais conhecidos da multidão que os *Diálogos* de Platão ou o manual de Epicteto. Haveria ainda muitos cristãos no mundo?

A Igreja conservou-nos Jesus Cristo, e no-lo conserva com a sua personalidade total. Os seus

---

* A refutação destas críticas foi o tema de trabalhos consideráveis. Entre outros, *L'Église naissante et le catholicisme*, de Monsenhor Batiffol, ou *Christianisme et catholicisme*, de Monsenhor Brunhes. Por muito que recomendasse a leitura destes livros, não seria demais. Podemos, em todo o caso, enunciar em poucas palavras os princípios desta refutação.

doutores impedem que a doutrina de Cristo seja alterada; os seus santos oferecem em cada geração, com os seus atos, novas provas da divindade do Verbo feito carne. Aqueles que só viram Cristo fora da Igreja nunca conheceram todos os seus aspectos: despedaçaram-no e desfiguraram-no. É graças à firme e tranquila intransigência da Igreja que o conhecemos tal como é. A Igreja nunca autorizou que fosse mudada uma palavra do texto primitivo do Evangelho, mesmo que essa palavra se prestasse a discussões e incompreensões. "Eu e o Pai somos um só", dizia Jesus, e mais tarde: "O Pai é maior que eu". Contradição!, gritam os leitores que estão do lado de fora: Ele ou é uma coisa ou outra. E a Igreja tem de responder obstinadamente: É uma coisa e outra. A experiência que nos dá de Jesus Cristo resolve a contradição, porque compreendemos que Ele é como um de nós e ao mesmo tempo está a uma distância infinita acima de nós.

Não é a Igreja, mas os dissidentes quem se situa em oposição à fala de Jesus junto do poço de Jacó. Aonde chegaram os sectários que, ao longo dos séculos, se foram separando da Igreja dos Apóstolos? Às piores confusões doutrinais, ao esmagamento tão lamentável das forças espirituais da humanidade. Ainda mais, o individualismo religioso, virando as costas à Igreja, reimplantou o que Jesus queria desfazer: as igrejas nacionais e os cultos de raças. Temos diante de nós uma ortodoxia grega, um cristianismo eslavo, um luteranismo alemão, um calvinismo francês, uma igreja anglicana. Só a velha Igreja Católica se conserva independente das línguas, das pátrias e das raças.

Não podemos deixar-nos intimidar pelos ataques do individualismo religioso. "Nós adoramos o que conhecemos". A Igreja Católica encarna fielmente o pensamento de Cristo, guarda-nos os seus mandamentos na sua integridade, e assim oferece-nos a plenitude da vida. E é ainda por não ter traído os desejos do seu Fundador que continua a ser essencialmente conquistadora. Encarregada de instruir todas as nações, não falhará nunca nesta tarefa. A exclamação dos Apóstolos depois de libertados da prisão: "Não podemos deixar de falar" (At 5, 20) continuará a ser a sua regra constante.

Como o divino interlocutor da Samaritana, a Igreja mostra-se incansavelmente acolhedora em relação a todos aqueles que procuram, a todos os que se enganam, a todos os que pecam; mas, como Ele, não fará jamais pacto com o pecado nem com o erro. Trabalha sem tréguas para a unidade religiosa de todas as famílias humanas, mas não apressará nunca a hora sacrificando a verdade de que é depositária. Forte nas suas promessas de eternidade, sabe que "chegará a hora" — uma hora cujos minutos são séculos — em que os homens, atormentados pelo eterno problema de Deus, se aproximarão dela uns após outros, porque só nela encontrarão a presença total de Cristo que os une ao Pai.

EM ESPÍRITO E VERDADE

> *"Mas vem a hora, e já chegou, em que os verdadeiros adoradores hão de adorar o Pai em espírito e verdade, e são esses adoradores que o Pai deseja. Deus é espírito, e os seus adoradores devem adorá-lo em espírito e verdade."*
>
> (Jo 4, 23-24)

Temos de examinar agora o que Jesus Cristo quer dar-nos a entender por adoração em espírito e verdade. Já desembaraçamos o terreno afastando os falsos sentidos que se tem dado a esta expressão.

Não há lugares nem dias reservados: nós devemos dar graças a Deus sempre e em toda a parte, *semper et ubique*. Mas este universalismo, dizíamos, não se opõe de forma alguma à legitimidade do culto exterior, privado ou público. A adoração interior pode passar sem gestos e fórmulas, mas acontece que, por vezes, tem necessidade de se exprimir, e então vivifica e transfigura as palavras e as atitudes pelas quais se exterioriza.

Por outro lado, vimos ainda que, se o culto de Deus deve ser pessoal, seria um sofisma concluir que o individualismo é a única forma sincera da religião. Cada um de nós deve aderir individualmente à verdade, mas esta é objetiva: não depende do nosso pensamento pessoal; foi Jesus Cristo que no-la fez conhecer. Todos os verdadeiros adoradores que o Pai reclama devem, pois, participar da mesma fé. Juntos pela unidade de crenças, unidos ainda pelo vínculo da caridade, que constitui a lei suprema do Evangelho, encontram-se, pela vontade de Cristo, agrupados numa Igreja, cuja necessária autoridade, longe de prejudicar a espontaneidade de cada crente, pelo contrário a sustém, dirige e reforça.

Qual é, pois, neste quadro do culto social e exterior, o significado positivo da adoração em espírito e em verdade?

* * *

Os comentadores católicos têm proposto muitos sentidos a esses dois substantivos: espírito e verdade. Para uns, seriam sinônimos de sinceridade interior; para outros, significariam a oração que o Espírito Santo sugere ao fiel para honrar o Deus da verdade; para outros ainda, Jesus pensa aqui menos na ação da graça do que em indicar as disposições humanas do adorador. "Em espírito" quereria dizer coração puro, ou humildade, ou amor filial; e "em verdade", fé, lealdade ou retidão de conduta. Todas estas interpretações podem justificar-se porque todas elas antecipam ideias rigorosamente exatas.

Parece, contudo, que para apreender o pensamento preciso de Cristo, em vez de procurar os possíveis sentidos dos termos que emprega, seria mais conveniente, tendo em conta o contexto, se não opor, pelo menos comparar o culto novo com os que Ele veio substituir, quer seja o culto, misturado com superstição, do monte Garizim, ou o culto oficial de Jerusalém.

Compreendemos imediatamente que, aos olhos de Cristo, os sacrifícios e os cultos antigos são apenas a figura do *sacrifício verdadeiro* (*in veritate*) que Deus espera de agora em diante. Jesus substitui por um dom espiritual (*in spiritu*) as oferendas materiais que os antigos adoradores levavam aos templos. Quer que nos demos a nós mesmos: este é o holocausto que agrada a Deus, o culto imaterial, o sacrifício verdadeiro, pelo qual podemos oferecer ao Senhor uma adoração que seja menos indigna dEle e mais digna de nós.

Considerada sob este aspecto, a nova lei de Jesus Cristo insere-se com exatidão, quer na história religiosa da humanidade, quer no desenvolvimento da revelação, porque Cristo "não veio abolir a lei ou os profetas, mas aperfeiçoá-los" (Mt 5, 17).

A adoração é a resposta do homem ao ato criador. Nós obtemos tudo de Deus e por isso devemos dar-lhe graças pelo que nos deu, solicitar com uma humilde confiança os seus benefícios próximos, e a cada momento do presente testemunhar-lhe o nosso amor em paga da sua bondade. Todos estes sentimentos de caridade, de esperança e de ação de graças estão englobados no ato de adoração.

Adorando a Deus, afirmamos o soberano respeito que Ele merece e a dependência em que estamos dEle; proclamamos, ao mesmo tempo, a alegria profunda que sentimos pela sua presença, que nos cerca completamente e penetra até ao mais profundo do nosso ser. A palavra "adoração", empregada muitas vezes pelos homens e com bastante falta de propriedade para caracterizar o mais alto grau das suas afeições humanas, é efetivamente a última palavra do amor, a sua expressão infinita. Adorar a Deus é declarar que Ele é o nosso tudo, é a nossa suficiência, que só vivemos por Ele, que não existimos senão para Ele.

Eis por que, quando o homem experimenta ao vivo o sentimento de adoração, se ajoelha instintivamente e inclina a cabeça. Para confessar a grandeza de Deus, curva-se sobre si mesmo e faz-se mais pequeno, prostra-se por terra, como se quisesse identificar-se mais estreitamente com a criação divina. O seu vislumbre do infinito leva-o a considerar-se nada. Estes gestos primitivos e universais dos mais humildes adoradores são também os dos maiores santos. Na sua oração, Santa Catarina de Sena ouve o Senhor dizer-lhe: "Eu sou Aquele que é, tu aquela que não é".

Mas a adoração não se limita à humilhação voluntária. Em todas as religiões antigas se observa que o homem, para reconhecer que pertence a Deus, lhe doa uma parte dos seus bens — frutos da terra, animais dos seus rebanhos —, como também coloca sobre os altares, em agradecimento, as primícias da sua colheita. Estas oferendas não são um puro rito: a oferenda é real, porque o fiel se priva daquilo que o alimenta, destruindo-o. É a origem dos sacrifícios que, nas épocas de calamidades públicas ou depois de uma guerra vitoriosa, iam até à imolação de vidas humanas entre os povos idólatras.

É ainda o sacrifício a que o homem recorria nas religiões antigas para obter o perdão dos seus pecados. O pecador fazia-se substituir por uma vítima e acumulava as suas ofensas num bode expiatório que abandonava imediatamente no deserto, ou num cordeiro sem mácula que degolava para reparar os seus ultrajes à majestade divina e assim selar a sua reconciliação com Deus.

Ritos deste gênero praticavam-se na religião de Israel, mas já Moisés e, depois dele, com mais vigor ainda, os profetas, ensinavam ao povo que esses sacrifícios só tinham um valor simbólico: simbolismo enganador, se o doador continuava a praticar atos injustos aos olhos do Eterno.

Jesus completa a revelação dos profetas suprimindo os símbolos. Já não serão os bens da terra ou da fortuna que o homem oferecerá ao Senhor: *deve oferecer-se ele mesmo*. O que pertence a Deus, mais ainda que os seus bens, é a sua própria vida; não terá que imolá-la, mas deverá consagrá-la a Ele. Esta é a única adoração que agrada a Deus e que Ele exige.

Em duas frases, São Paulo resume para os cristãos de Roma o preceito de Cristo: "Oferecei os vossos corpos como hóstia viva, santa e agradável a Deus: é este o vosso culto espiritual. [...] Transformai-vos pela renovação do vosso espírito, para que possais discernir o que Deus quer de vós, isto é, o que é bom, o que lhe agrada e o que é perfeito" (Rm 12, 1-2).

Jesus explica à Samaritana: "Deus é espírito". Não podemos oferecer-lhe apenas coisas materiais, que já eram dEle antes de serem nossas. Mas temos alguma coisa verdadeiramente nossa: ao chamar à existência uma criatura livre, Deus despojou-se momentaneamente da sua soberania para nos dar como absolutamente nossos o nosso coração, o nosso espírito, a nossa vontade; podemos usar deles seguindo os preceitos divinos ou violando-os. O que Deus espera de nós é que lhe consagremos livremente o que propriamente nos pertence: nós mesmos, a nossa pessoa. O Deus todo espírito quer o nosso coração.

Esta adoração espiritual é a única que não pode ser uma ficção, um simbolismo, a única que atesta o sentimento da nossa dependência em relação a Deus. Quando lhe damos uma parte do nosso tempo ou dos nossos bens, guardamos para nós tudo o mais. O homem não se dá verdadeiramente enquanto não der o seu coração. Só adoramos a Deus se o amamos com todo o nosso coração.

* * *

Depois de vinte séculos de cristianismo, esta doutrina já não é novidade. Mas temos de reconhecer que a esquecemos facilmente, e que é necessário que no-la relembrem, como faz o autor da *Imitação de Cristo* com palavras particularmente insistentes que põe nos lábios de Jesus Cristo: "De tudo quanto me dás que não sejas tu, Eu me desfaço. É a ti que Eu procuro, não os teus dons... Nada do que me dás me pode agradar tanto como o oferecimento de ti mesmo todo inteiro" (*Imit.*, 4, 8). É a nossa pessoa que Ele quer: não tentemos encontrar sucedâneos. Se subtraímos à sua autoridade uma parte de nós mesmos, adoramo-lo talvez com palavras, mas não em verdade. Se Ele surpreende em nós um ressentimento ou um agravo anti-fraterno, não quer a nossa oferenda enquanto não tivermos feito as pazes com o nosso irmão. Não existe adoração verdadeira se o nosso espírito não se submete ao querer de Deus.

O Evangelho, em todas as suas páginas, condena a nossa pretensão de dissociar a religião e a vida, como se pudéssemos adorar a Deus aos domingos e nos outros dias da semana sacrificar aos ídolos: ao dinheiro, ao orgulho, à sensualidade; como se Deus pudesse ser o nosso tudo na hora da oração, e não representar nada durante as outras ocupações diárias. Para Deus, a nossa oração e a nossa vida fazem uma só coisa. É mentirosa a adoração que se limita a fórmulas e atos de culto. A adoração em verdade emana do espírito que dirige a nossa conduta.

No culto novo haverá duas vítimas: uma a oferecer, Nosso Senhor Jesus Cristo; outra a imolar, e esta será o próprio adorador. Já não serão só os nossos salmos e os nossos cânticos que exprimirão um louvor perpétuo à glória de Deus, mas sim a nossa vida de obediência. As nossas promessas e as nossas peregrinações podem proclamar o nosso reconhecimento, mas é preciso também que a nossa vida seja um cântico de ação de graças. A partir desse momento, o verdadeiro adorador deixa-se de lamentações e gemidos: está sempre contente com Deus e oferece-lhe o holocausto alegre de uma vida modificada, mortificada, corrigida, retificada.

Amamo-nos mais que a Deus, mas a justiça não será restabelecida enquanto não imolarmos o nosso egoísmo. E que promessa havemos de fazer a Deus senão a de uma vida mais generosa, mais dedicada, mais amante?

Desse modo, a nossa adoração ocupa toda a nossa alma e toda a nossa vida. Como observa Santo Agostinho, procuramos um templo para rezar e Jesus responde-nos: nem o de Garizim, nem o de Jerusalém: "Torna-te tu mesmo o templo de Deus".

* * *

Mas há uma outra frase de Cristo que não podemos deixar na sombra: "Esses são os adoradores que o Pai procura".

Esse verbo "procura" surpreende. Que nós tenhamos necessidade de Deus, nós que nada podemos sem Ele, é coisa que se entende. Mas que Deus deseje as nossas homenagens, que no-las peça, que procure adoradores, não é o mundo às avessas?

No entanto, é verdade, e para quem não reconheceu esse desejo de Deus, o cristianismo permanece incompreensível. Deus tem necessidade de nós. Repetimo-lo cada dia no Pai-Nosso: tem necessidade de que bendigamos o seu nome de Pai, precisa de nós para estender o seu reino entre os homens, precisa de nós para unir a terra ao céu. Não podemos nada sem Ele, mas a sua obra também não se pode realizar sem nós.

Pode uma tal ideia brotar da sabedoria divina? Brotou do seu amor. Como Pai, Deus aceita os riscos da paternidade, mas reivindica a afeição dos seus filhos.

"O Pai procura desses adoradores". Será preciso descobrir nestas palavras um matiz de tristeza? Ele procura, e, se procura, é porque tem dificuldade em encontrá-los. É possível que tenha passado mais de uma vez diante de nós, desapontado de só ouvir as palavras da nossa oração enquanto o nosso coração não orava, ou contristado de ver a nossa conduta desmentir as fórmulas da nossa adoração. É pela nossa vida mais unida a Deus, pelo nosso sacrifício associado ao da Cruz, que deveremos dar ao Pai a alegria de encontrar os adoradores que Ele procura.

A OBRA DO MESSIAS

> *"Respondeu a mulher: «Sei que deve vir o Messias (que se chama Cristo); quando, pois, vier, ele nos fará conhecer todas as coisas». Disse-lhe Jesus: «Sou eu, quem fala contigo.»"*
>
> (Jo 4, 25-26)

Jesus Cristo deu a conhecer à Samaritana os desejos de Deus: a hora estava próxima. Era agora que, por cima das diferenças de nacionalidades e de raças, com o coração filialmente dedicado, todos os homens adorariam juntos o Pai dos céus.

A mulher reconheceu nessas palavras o eco da longa esperança dos filhos de Abraão. Segundo a promessa divina, a fé monoteísta do povo judeu devia efetivamente tornar-se a religião de todos os homens. A Samaritana crê que o Messias deve vir e que, quando vier, todas as coisas futuras que Cristo lhe faz entrever se esclarecerão. Mas Cristo anuncia-lhe: "Sou eu mesmo que falo contigo".

Certos críticos disputaram sobre a autenticidade destas palavras. Diziam não combinavam com a atitude habitual de Jesus, que escondia cuidadosamente a sua dignidade messiânica. Quando Simão Pedro, iluminado do alto, confessa em Cesareia: "Tu és o Cristo, o Filho de Deus vivo", Jesus ordena aos seus discípulos não somente que guardem em segredo a revelação da sua divindade, mas que não digam a ninguém que Ele é o Cristo.

Com o decorrer dos séculos, os judeus tinham desnaturado o sentido das profecias: esperavam um Messias terreno que sacudisse o jugo de Roma e restabelecesse pela força das armas o antigo reino de Israel. Jesus devia, pois, antes de reivindicar a sua qualidade de Messias — fá-lo-ia no domingo de Ramos —, dissipar o mal-entendido que iludia o espírito dos seus contemporâneos, e restaurar na sua pureza primitiva a figura e a função verdadeiras do Messias prometido por Deus ao povo eleito.

Mas na intimidade das conversas particulares, Ele não guardava a mesma reserva. Às almas simples podia dizer simplesmente quem era. E o mais tocante no episódio da Samaritana é ver o Senhor fazer essa confidência a uma pecadora que começa a converter-se. Ele repetirá muitas vezes: o arrependimento dos publicanos e das cortesãs fá-los-á entrar no reino dos filhos de Deus bem mais depressa que a virtude superficial dos doutores e dos fariseus. E isso será sempre assim: a simplicidade do coração permite-nos alcançar Deus, que se mantém insensível às sutilezas dos racionalistas e à mediocridade moral daqueles que julgam nada ter de que acusar-se. "Eu sou o Messias, eu que falo contigo!" Estas palavras marcam o ponto culminante da conversa de Jesus com a Samaritana: põem o remate à conversão dessa mulher que vai tornar-se agora uma mensageira do Evangelho.

Geralmente, essa declaração de Jesus não produz uma impressão tão forte no leitor moderno: por um triz não se dispensa de fazer aqui uma pausa para meditá-la. Isto explica-se. Para nós, Jesus é mais que o homem desejado pelo antigo Israel: é o Filho de Deus feito homem. A Encarnação é o fenômeno dominante da história religiosa da humanidade e o princípio permanente das nossas relações com Deus. O messianismo, pelo contrário, parece-nos pertencer ao passado. Diríamos como Pilatos: "Porventura sou eu judeu?"

Ora, semelhante atitude revelaria desdém. Fazendo-se homem, o Filho de Deus não renunciou à sua missão de Messias. Apenas devolveu-lhe o seu verdadeiro sentido, orientado para o futuro. Nós já não esperamos o Messias, mas esperamos ainda o acabamento da sua obra. Mais do que isso: é a nós, cristãos, que incumbe a tarefa de contribuir para esse acabamento pela nossa ação pessoal. E isto merece a nossa consideração.

* * *

Desde os tempos em que "Abraão tremia de alegria com desejos de contemplar o dia do Senhor" (Jo 8, 56), o povo escolhido não cessara de olhar para o futuro, transmitindo de geração em geração a promessa libertadora. Alimentava-se da esperança incutida pela voz dos profetas: "Virá aquele que deve vir" (Heb 10, 37).

Tem-se muitas vezes observado que, diferentemente de todas as religiões antigas, que colocavam a idade de ouro nas origens da história, Israel viu sempre no futuro a salvação e a felicidade da humanidade. Chegaria um dia em que se abriria para todos os homens a era da justiça e a paz nunca mais seria perturbada: felicidade e santidade seriam o quinhão da nova humanidade.

Essa visão de um tempo bem-aventurado era descrita pelos profetas por meio de imagens que evocavam a maior parte das vezes um paraíso completamente terrestre. Ainda nos quatro séculos que precederam o aparecimento de Cristo, os livros apócrifos e a doutrina dos rabinos continuavam a acentuar o aspecto material das alegrias messiânicas e, concretamente, a anunciar a vinda de um Messias que libertaria Israel da opressão dos inimigos.

Jesus não foi, não podia ser, o conquistador terreno que os seus contemporâneos esperavam, e foi por isso que o rejeitaram. "O meu reino não é deste mundo" (Jo 18, 36), dizia Ele: o seu reino não se estabeleceria à maneira dos impérios humanos. E isso significava que esse reino só se manifestaria no seu estado definitivo após o fim do mundo, após o Juízo Final.

Mas quereria isso dizer que, nesse ínterim, haveria que viver apenas de esperança? Erraríamos grosseiramente se supuséssemos que Jesus quis dizer que o seu reino nada tinha a ver com este mundo. Foi realmente *neste mundo* que Ele veio inaugurar o reino de Deus de acordo com os dados essenciais dos profetas. O seu reino devia começar aqui em baixo, na própria terra.

Jesus não veio somente abrir-nos o céu. Messias, veio também modificar a terra, não por meio de uma revolução que transformaria bruscamente a natureza dos homens, mas por uma lenta evolução que se realizaria livremente no seio da humanidade pela docilidade aos preceitos do Evangelho. Para modificar a terra, o Senhor modificará os corações dos homens, e foi para modificar os nossos corações que nos revelou a religião universal que deve unir todos os filhos de Deus no amor do Pai; ensinou-nos a praticar a justiça até à extrema caridade, condição da paz e da felicidade entre os homens.

A obra do Messias, não está, portanto, terminada. Ainda incompleta, continua no meio de nós; prolongar-se-á por quanto tempo durar este mundo. A obra messiânica é para que os homens regenerados, membros do Corpo Místico de que Jesus é cabeça, a continuem sob a influência do Espírito Santo que vivifica a Igreja.

É interessante observar como os primeiros cristãos ganharam consciência desta missão. Não a compreenderam imediatamente. Não acabavam de despegar os olhos do céu para onde Jesus tinha subido, e esperavam a sua volta de um dia para o outro, convencidos de que o fim do mundo estava iminente. O seu espírito e o seu coração não deixavam o céu: esqueciam a terra. Encontram-se restos deste estado de espírito até ao fim do segundo século da nossa era. Tertuliano di-lo tranquilamente:

"O único interesse que temos neste mundo é sair dele o mais depressa possível".

Porém, desde a idade apostólica tinha-se começado a perceber que a volta do Senhor poderia ter lugar mais tarde do que se tinha suposto inicialmente. São Pedro, na sua segunda Epístola, rebate os céticos que perguntavam em que é que ficava a promessa da próxima vinda de Cristo, e responde--lhes que o Senhor não está atrasado, porque diante dEle "um dia é como mil anos e mil anos como um dia" (2 Pe 3, 4-10).

À medida que os cristãos veem recuar a data do último dia, aprofundam mais no sentido das parábolas. Convencem-se de que o reino de Deus, como Jesus dissera, deve desenvolver-se como um pequeno grão de mostarda que se torna árvore, e que lhes compete atuar sobre o mundo como o fermento, que faz levedar a massa.

Ninguém se espante das hesitações da primeira geração de cristãos. Completamente deslumbrados ainda pela presença do Filho de Deus na terra, foi preciso tempo para os discípulos se habituarem à ideia de não o voltarem a ver. Foram então reconhecendo que a obra messiânica se tornava função da Igreja e que, sem deixarem de procurar o céu, deviam expandir-se pela terra; se o destino individual dos cristãos era trocar a terra pelo céu, o seu destino coletivo era lutar por estabelecer o céu na terra.

* * *

Eis as conclusões desta pequena digressão histórica.

O Messias, que, como diz São João, significa Cristo, não pertence ao passado. Abarca todo o futuro, e é para o futuro que inclina os nossos espíritos. Enquanto não vier julgar os vivos e os mortos, o universo esperará sempre a hora do triunfo final, que séculos de cristianismo devem elaborar e preparar santa e impacientemente. Entre as duas vindas do Messias, a sua obra compete aos cristãos. O alcance da nossa tarefa é imenso: lutar pela unidade religiosa no mundo, lutar por penetrá-lo de santidade

Esqueceríamos o nosso papel messiânico se considerássemos o céu apenas em relação a cada um de nós. Jesus não me veio salvar só a mim: veio resgatar toda a humanidade. Quer a salvação de todos os homens. Pensando nos seus antigos correligionários, Paulo de Tarso sentia o coração dilacerado e aceitaria ser anátema, separado de Cristo, para que os seus irmãos, os da sua raça e do seu sangue, fossem salvos. Como ele, devemos desejar o céu, não somente para nós, mas, mais apaixonadamente ainda, para todos os homens. Herdeiros do Messias, é só por esta causa que devemos desejar espalhar a mensagem de Cristo por toda a terra. A terra e o céu fazem parte do reino de Deus.

Enfim, a nossa função messiânica continua a ser a que os profetas anunciaram: o reino de Deus deve trazer aos homens a felicidade de uma vida de santidade. Os dois termos correspondem-se. Não há virtude possível sem que nos traga um mínimo de felicidade, nem há felicidade possível fora da virtude: devemos oferecer a todos a santificação e a felicidade do Evangelho.

Santidade e felicidade. Eis a nossa recompensa no céu e eis a nossa missão na terra. Tourville escreveu: "Vivamos o presente como homens vindos do futuro". Se somos bons cristãos, ultrapassamos o nosso tempo: pertencemos ao futuro; somos do céu: homens de uma terra que teremos procurado santificar e pacificar, membros de uma humanidade que teremos lutado por fazer virtuosa e fraternal.

Temos de viver o nosso Evangelho, que é a lei de um mundo perfeito, nesta terra tão imperfeita. Temos de praticar uns para com os outros, nesta terra que vamos sucessivamente deixando a caridade que constitui a alegria do céu.

EFEITOS DO PERDÃO DIVINO

"A mulher deixou o seu cântaro, foi à cidade e disse àqueles homens: «Vinde e vede um homem que me contou tudo o que tenho feito. Não seria ele, porventura, o Cristo?» Eles saíram da cidade e vieram ter com Jesus."

(Jo 4, 28-30)

Um dos campos de experiência onde melhor se pode observar a ação da graça invisível é, certamente, a consciência do pecador que acaba de receber o perdão divino. O que nela se passa altera tudo o que pode ser previsto.

O filho pródigo, enquanto se põe a caminho da casa paterna, não imagina o acolhimento que lhe vai ser feito. Está de tal modo subjugado pelo sentimento da sua indignidade, que prepara minuciosamente tudo o que pensa dizer: pedirá ao pai que já não o considere seu filho, mas que o admita entre os jornaleiros que emprega nas fainas do campo.

Porém, o pai da parábola não somente não aceita que o filho arrependido seja privado dos seus direitos, mas nem sequer sabe como cercá-lo de mais provas de estima. Basta-lhe a alegria de ter recuperado o filho. Foi-lhe devolvido, e por isso ama-o mais que nunca. Perfazer é mais que fazer. Perdoar é também doar ainda mais, é doar para além de...: para além de todo o direito, para além de toda a verossimilhança. Só Deus pode levar a sua misericórdia a este grau quase inconcebível.

Contudo, há uma coisa ainda mais maravilhosa, que é a mudança que o perdão de Deus opera na alma do pecador absolvido. Logo que é perdoado, o filho da parábola já não pensa em reunir-se aos mercenários: vestiu os trajes de festa e pôs o anel e os sapatos que os criados lhe trouxeram. Simplesmente sentou-se, e toma parte no festim como se nunca tivesse desertado da casa paterna. Também ele sente que voltou a ser natural e completamente filho.

Vale a pena examinar mais de perto a transformação que o perdão divino produz no coração humano. A Samaritana dá disto um exemplo impressionante, que cada qual pode aplicar à sua vida, de modo a inspirar-lhe uma estima maior pela misericórdia divina e um reconhecimento mais vivo para com o Pai que tantas vezes tem de nos perdoar.

* * *

O perdão de Deus é uma criação nova que não destrói a natureza do homem, mas que, depois de ter abolido totalmente a ofensa feita pelo pecador e anulado o seu castigo eterno, modifica completamente as disposições atuais do espírito e da vontade da pessoa perdoada.

O que, em primeiro lugar, é digno de nota, é a instantaneidade da mudança. No mesmo momento em que Deus lhe perdoa, o pecador torna-se outro homem. Quem reconheceria na Samaritana convertida a criatura descuidada que vimos avançar em direção ao poço, a respondona arrogante, a questionadora tenaz que sem dúvida teria feito desistir outro que não fosse Cristo? Agora, vai às pressas à cidade de Sicar, como mensageira de Cristo, mensageira da salvação.

Deixa o cântaro. Estaria cheio? Estaria vazio? Não o sabemos. Nem mesmo ela o sabia. Esqueceu-se do que tinha vindo fazer. Deixa o cântaro, como Tiago e João tinham deixado as redes para seguir Jesus. Temos sempre alguma coisa que deixar quando nos comprometemos a uma vida cristã integral. A conversão vira-nos de alto a baixo: num abrir e fechar de olhos, o passado acabou e uma nova existência começa.

Deixou o cântaro, o que pode também ter sido para dar a Cristo a certeza de que voltaria dentro em pouco, quando Ele já tivesse dissipado a estupefação dos seus discípulos, quando ela, por sua vez, lhe tivesse conquistado novos fiéis. Jesus não a mandou avisar os seus concidadãos: o que a obrigou a esse passo foi a necessidade de comunicar aos outros a verdade que conheceu e o entusiasmo que a transporta.

Vai direta à cidade. Corre ao burgo. Quer gritar ao mundo inteiro que Deus a libertou da sua miséria, que ela já não é ela, que é outra, e que foi Jesus que realizou esse milagre.

Não passa por casa. Sem que Jesus lho diga, sente que, para segui-lo, "não se deve mesmo pensar em dizer adeus aos seus" (Lc 9, 61). Se tivesse ido a casa contar o que lhe tinha acontecido, não a teriam compreendido, ter-se-iam rido da sua exaltação, não quereriam acreditar que ela decidira mudar de vida, ou mesmo ter-lhe-iam suplicado que renunciasse a uma resolução tão insensata. Assim, o pobre homem com quem vive só virá a saber ao mesmo tempo que os outros que a Samaritana se transformou em filha da luz. E mesmo que ela fosse capaz de associá-lo ao seu arrependimento, não seria ainda bastante para pagar a Deus a dívida do seu reconhecimento: tem que levar a Jesus a cidade inteira.

É este o efeito normal da graça da conversão: dá a volta ao coração inteiramente. Aquele que sai do erro já não pode deixar de anunciar a verdade. O pecador não encontra suficiente expiação nas penitências que impõe a si próprio; tem sede de livrar do mal as pessoas que a ele puderam ser induzidas pelos seus antigos exemplos. Todo o verdadeiro convertido torna-se um apóstolo. Isto nem sempre é compreendido, e não é raro ouvir criticar o zelo intempestivo dos convertidos. Os que os censuram acham que eles parecem pouco indicados para dar lições aos outros e que não lhes ficaria nada mal um pouco mais de modéstia. Semelhantes insinuações cairiam imediatamente se se refletisse na transformação que a graça opera no coração de um pecador, e como o amor de Deus lhe torna intoleráveis a recordação, o pensamento e o desejo do mal. Tenhamos presente, além disso, que o antigo pecador não se põe em primeiro plano, porque o perdão de

Deus o mantém numa humildade contínua, e é esta humildade que faz com que o seu proselitismo seja tão conquistador.

* * *

"Vinde e vede um homem que me disse tudo o que eu tenho feito. Porventura será este o Cristo?"

Não devemos enganar-nos sobre o alcance desta fórmula dubitativa. A Samaritana não duvida de que aquele homem seja o Messias, mas é que não se esquece do que ela foi. Não se esquecerá nunca. Como podia dar-se ares de evangelista? Se tivesse dito: "Eu sei que é o Messias", as pessoas teriam encolhido os ombros, recordando-lhe a sua condição.

Só lhes pede que vão ver! Não lhes fala da água viva que Jesus lhe ofereceu: não teriam compreendido nada. Não lhes conta os ensinamentos sublimes que até então nunca ouvira: poderiam discuti-los.

Vinde, apenas vinde ouvi-lo: vós mesmos tirareis a conclusão. E para os decidir, confessa-lhes a única coisa que poderia convencê-los, expondo-se com coragem a que a desprezem. Ela que, na véspera, teria chamado energicamente à ordem quem quer que se aventurasse a censurar a sua conduta, diz: "Vinde ver um homem que disse tudo o que eu era, um desconhecido que conhece a minha vida culpada. Disse-me tudo quanto eu fiz e não me repeliu".

Que falta de modéstia se pode notar nesta confissão? Não acrescenta (e isto prova a sua atitude humilde e a sua vontade de mudar de conduta): "Vinde ver aquele que me converteu" (o verdadeiro convertido continua persuadido de que é um pecador), mas sim: "Vinde ver um homem que descobriu todo o meu pecado".

Ao perdoar-nos, Deus carrega com os nossos pecados, conforme a bela imagem de Isaías (Is 38, 17), mas o passado continua a ser para nós motivo de um desgosto salutar. Primeiro, por tudo o que subtraímos à glória e ao amor de Deus. É do que Santo Agostinho se lamentava tão amargamente: "Tarde te amei, ó Beleza tão antiga e tão nova" (*Confissões* X, 27, 38). E, depois, uma outra recordação atormenta o convertido: a dos seus irmãos.

O próximo a quem o pecador lesou ou traiu, feriu ou desgostou, seu cúmplice ou sua vítima, sofre ainda — e por quanto tempo? — o mal que ele lhe fez. Absolvido pelo tribunal da Igreja, o culpado pode levantar os olhos para Deus, mas deve ainda baixar a cabeça diante dos seus semelhantes. "Não seríamos suficientemente castigados se, tendo feito o mal, pudéssemos repará-lo" (George Sand). Haverá sempre no pecado qualquer coisa de irreparável. Mesmo quando se trata apenas de um dano material que o delinquente esteja disposto a pagar com justas compensações, fica o mau exemplo que deu e a dor que causou. Sob a pressão dessa humilhação que não o larga, o antigo pecador não pode ensoberbecer-se. Humilhação benfazeja, porque o mantém dentro da prudência e da caridade.

Acode-lhe repetidamente aos lábios a magnífica oração: "Por todos aqueles que afligi, feri, perturbei, escandalizei, sabendo-o ou sem o saber, a fim de que vós, Senhor, nos perdoeis todos os nossos pecados e as nossas ofensas mútuas" (*Imit.*, livro 4, cap. 9). Suplica a Deus que faça aos outros mais bem do que o mal que ele lhes fez. Como a Samaritana, será apóstolo do bem depois de ter sido ocasião e causa do mal, e quererá levar a Cristo mais homens do que os que dEle afastou. Sem fazer vã ostentação do seu arrependimento, mas por amor a Deus e aos seus irmãos que amou tão mal, a humildade faz dele um apóstolo. É o caso de Santo Agostinho, que resgatará, pelo seu ensino e virtude, os erros da sua doutrina e conduta. É o caso de São Paulo, que não perdoará nunca a si mesmo "ter perseguido a Igreja de Deus" (1 Cor 15, 9), mas que depois se faz "tudo para todos para ganhar todos para Cristo" (1 Cor 9, 22).

Mas não poderá o sentimento das faltas anteriores levar o convertido ao desânimo? Não há nele nada disso, antes pelo contrário: o efeito mais misericordioso do perdão divino é inspirar ao pecador que se humilha a mais completa segurança.

* * *

Assim como não teme os ditos irônicos dos habitantes de Sicar, a Samaritana também não se assusta com os esforços e sacrifícios que a esperam. Tinha encontrado Jesus, seu Salvador, e Jesus saberia acabar nela a transformação que começara. Em que se apoia a sua esperança? Precisamente em que Jesus "lhe disse tudo quanto ela tinha feito".

Quando um pecador se encontra a sós com a sua consciência, tem todos os motivos para tremer: porque, se abafa o remorso, precipita a sua ruína; e se não se liberta dele, o seu sofrimento torna-se desespero. Mas quem realmente o libertará do mal que fez?

Quando um pecador se humilha diante do homem que ofendeu ou quando procura um amigo que o tranquilize, nem por isso encontra o perdão libertador. Alguém demasiado severo dir-lhe-á: "A sua falta não tem desculpa". Outro, mais bonacheirão, quererá tranquilizá-lo: "Isso não tem importância". Os dois se enganam e enganam. Quando um homem foi injusto, infiel, indelicado, malévolo, é enganá-lo dizer-lhe: "Isso não tem perdão", porque tem; ou: "Isso não tem importância", porque tem.

Jesus é o único que pode dar ao pecador a paz que liberta. Não lhe diz que não tem desculpa pelo mal que fez, mas também não lhe diz que isso não tem importância. Ninguém melhor que Ele pode mostrar a gravidade do mal cometido, mas também ninguém como Ele pode oferecer o perdão que devolve a paz: quando nos perdoa os pecados, mediu toda a malícia que continham. Acreditamos nEle quando nos dá a certeza de que Deus já não os toma em linha de conta, e a razão fundamental é que Ele assumiu na Cruz todos os nossos pecados, satisfez por eles com a sua morte e assim nos livrou da nossa culpa. Só Cristo nos pode tranquilizar quando diz: "Vai em paz, os teus pecados te são perdoados".

E como Ele é o único que devolve a confiança ao pecador que se arrepende, é o único que lhe dá a coragem necessária para se levantar. Aqui também, e ainda mais, a ajuda dos homens é impotente. O otimista adianta numa voz hesitante: "Para nos corrigirmos, basta querer", e o moralista inflexível diz: "O que está feito, feito está". E tanto um como outro se enganam. Este diz-nos: "É fácil". O outro: "É fatal". Precisamos de alguém que nos diga: "É duro, é muito duro subir a encosta, mas você poderá subi-la": é a linguagem de Cristo, sincera e reconfortante. Com Ele, é sempre possível ao pecador arrependido levantar-se e recomeçar.

E esse recomeçar significará acautelar-se seriamente para não voltar ao vomitado e, para isso, entregar-se a uma oração mais ardente e, sobretudo, como a Samaritana — que não se retirou para o deserto —, ir ao encontro dos concidadãos, todos testemunhas do seu pecado, e tomar parte na vida deles para os levar a Cristo pela cordialidade, pelo espírito de sacrifício, pela pureza íntegra do coração, pela serenidade, pela alegria, pela palavra oportuna. É assim que, por Jesus seu Filho, o Pai nos continua a perdoar, indefinidamente como Deus que é, e a elevar-nos cada dia mais, como Deus infinito que é.

A CONFISSÃO DOS PECADOS

"Tudo quanto tenho feito."

(Jo 4, 39)

A vergonha que estas poucas palavras podiam significar para a Samaritana desapareceu, para dar lugar a uma atitude de humildade. Por muito numerosas e graves que tenham podido ser as suas faltas, já não lhes sente o peso. Cristo, que lhe deu a conhecer a malícia que havia nelas, libertou-a ao mesmo tempo. Ele sabia tudo e foi suficientemente misericordioso para a absolver de tudo. "Tudo o que eu tenho feito!" Estas palavras, que só podiam ser pronunciadas a meia-voz e de cabeça baixa, são agora um grito de ação de graças, e é por isso que a Samaritana as repete a todos os que aparecem, sem medo e também sem cálculo. Não as pode guardar para si, porque está sob a influência de um sentimento novo: o amor de Deus transbordante de um coração que recebeu o perdão.

Nós também conhecemos a euforia do pecador perdoado por Deus. Talvez tenhamos tido a experiência dessa impressão, próxima do êxtase, quando a fé nos revelou, com a força da evidência, que as nossas transgressões e os nossos erros tinham sido verdadeiramente apagados pelo sacrifício de Cristo no Calvário. Talvez tenhamos estremecido interiormente quando, numa oração inesquecível, nos parecia que o olhar suave do Crucificado pousava sobre a nossa fronte humilhada. Sentíamos nesse momento o toque da graça, sabíamos que Deus queria perdoar-nos. No entanto, não estava ainda dito tudo entre Deus e nós. Ainda não tínhamos ouvido a palavra definitiva que nos devolveria a confiança.

Então, entramos ao acaso na penumbra de um confessionário, ignorando quem seria o confidente das nossas faltas, e ali, sem ver verdadeiramente nada mais que Jesus na sua cruz, dissemos claramente tudo o que tínhamos feito. E fez-se imediatamente luz na nossa vida, paz na consciência e amor de Deus no coração.

É salutar aproveitarmos esta oportunidade para pensarmos na confissão sacramental, a mais caluniada de todas as normas da Igreja. Mas basta-nos vê-la à sua verdadeira luz para nos darmos conta de todos os seus benefícios.

Só Jesus Cristo podia imaginar esse meio de dar paz ao pecador arrependido. A confissão tem a marca do Homem-Deus, porque satisfaz ao mesmo tempo a natureza do homem e os direitos de Deus.

* * *

Anos antes da guerra, um assassino famoso, depois de ter escapado durante muito tempo às buscas da polícia, acabou por deixar-se apanhar. No momento em que foi preso, gritou: "Finalmente, vou poder dormir!" Talvez fosse apenas o suspiro de cansaço da fera perseguida e vencida, que ignorava ainda o remorso, mas exprimia pelo menos o alívio físico do criminoso que já não se via obrigado a esconder-se.

É notável que o homem que cometeu o mal não possa conservar indefinidamente o seu segredo. Precisa de se desfazer da carga da sua consciência, de dar o passo que Joseph de Maistre compara ao estômago que, tendo ingerido veneno, entra por si mesmo em convulsões para o expelir. "Assim — diz ele — o culpado sofre, agita-se, contrai-se até encontrar o ouvido amigo e benévolo". Ninguém pode guardar a sua falta para si só: atraiçoa-se sempre. Todo o culpado tem necessidade de abrir-se em confidência, a fim de se justificar. Mas esta última palavra pode ser tomada em dois sentidos.

Para justificar a sua má ação, o perverso procura um ser tão corrompido como ele. Já o fraco que desceu a um ato condenável procurará alguém que seja melhor do que ele, para que como confidente lhe diga que ele vale mais do que a sua conduta: anseia por um amigo que, conhecendo a sua desordem e a sua vontade de repará-la, lhe conserve ou lhe devolva a autoestima. Para se reabilitar, não lhe bastam as desculpas que poderia aduzir ou as promessas de retificação que poderia fazer a si próprio. Precisa de alguém que o ouça, o julgue, o tranquilize e o encoraje.

Mas nem isso é suficiente. A clemência dos homens não consegue dar paz à consciência. É o que exprime o admirável soneto de Sully Proud'homme:

> Eu confessei um crime diretamente a Deus.
> Onde o fiz, cresceu da terra um espinho,
> e nunca cheguei a saber se fui perdoado.
>
> Feliz do assassino a quem a mão de um sacerdote absolve!
> Nunca mais vê reaparecer o sangue derramado
> na hora tenebrosa em que deu o golpe!

Um pecador não pode recuperar a paz enquanto não estiver certo do perdão de Deus, e a instituição da confissão corresponde a essa tríplice necessidade de confidência, de reabilitação e de perdão que o pecador experimenta.

Poderá objetar-se que, se o que Deus exige é o arrependimento, por que há a obrigação de uma confissão complementar ao ouvido de um homem? Mas, neste caso, de que maneira saberíamos que o nosso arrependimento nos obteve realmente a absolvição de Deus? Procuraremos essa garantia nas nossas disposições interiores? Estas, por serem eminentemente subjetivas, não dissipam a incerteza: um caráter superficial sentir-se-á libertado muito facilmente, e uma consciência severa continuará a ser devorada pela incerteza. O sinal do perdão não pode, pois, depender do desejo ou dos temores do culpado: deve ser estabelecido pelo ofendido que consente em perdoar.

Foi por isso que Cristo veio trazer o perdão do céu à terra. Encarregou os Apóstolos de serem quem administrasse o perdão, dando-lhes o poder de perdoar ou reter os pecados. Não de acordo com o seu rigorismo ou benevolência, mas sob a ação especial do Espírito Santo (Jo 20, 22) e segundo a regra do Evangelho, tão preciso em determinar o dever como indulgente para com a fraqueza do culpado que confessa a sua desobediência. Depositário da misericórdia divina, o ministro do sacramento pode absolver os pecados dos outros, sem ter o direito de perdoar os seus a si mesmo. Acalmará os escrúpulos do cristão inquieto e despertará a consciência do cristão relaxado. Se não vê um arrependimento verdadeiro, esforçar-se-á por fazê-lo nascer. Só será desabrido com o orgulho e o escândalo. Mas as faltas, por muito graves, numerosas e frequentes que sejam, não serão nunca indeléveis, desde que o pecador se arrependa delas com humildade, se comprometa a repará-las e deseje sinceramente nunca mais cair nelas.

* * *

Estas três condições deitam por terra irremediavelmente as críticas que se levantam contra a confissão católica, sob o pretexto de que, facilitando o perdão, favoreceria indiretamente o pecado.

Se fosse demasiado rigoroso, o sacramento do perdão teria afugentado o pecador; se fosse muito fácil, animá-lo-ia a reincidir. Assim como é, tendo em conta a nossa fraqueza, mantém os direitos de Deus e, ao mesmo tempo, é benéfico para nós pelo que tem de penoso para a nossa natureza.

Em todo o pecado há uma manifestação de orgulho. A confissão repara-a pela humilhação e esta humilhação reabilita-nos. O pecador tinha-se rebaixado a saciar a sua ambição, a enriquecer-se por meios ilícitos. Não se tinha ele ajoelhado — e não só em sentido figurado — diante de outros ídolos? Levanta-se da sua incapacidade ajoelhando-se no confessionário, não apenas diante de Deus, mas também diante de um homem. Diante de um homem, humilha-se de se ter vangloriado à face dos homens, ou de os ter enganado, lesado, traído. Declara que aquilo a que tinha chamado seu direito era um abuso. Desse modo, calca aos pés o orgulho e despedaça o coração. Este despedaçamento é já uma contrição.

Todo o pecado traz também em si uma covardia. Tínhamos recuado diante do dever, capitulado perante uma ameaça ou um sorriso, cedido à opinião do mais forte, renegado convicções ou ideais. A confissão faz com que nos enchamos de coragem, e assim compensa os nossos retrocessos e vilanias.

O pecado comporta finalmente uma satisfação proibida, e a pena da confissão é uma reparação do prazer ilícito.

A CONFISSÃO DOS PECADOS

* * *

Cada confissão devia trazer para a nossa vida uma luz e uma força novas, não só quando temos a desgraça de cair num pecado mortal (caso em que não deveríamos deixar morrer o dia sem procurar o sacerdote), como também quando nos confessamos periodicamente de faltas leves que todos cometemos ou repetimos por fraqueza.

Quanto a estas últimas confissões por devoção — chamemo-las assim —, correm o risco de ser tão impessoais! Poderiam ser formuladas por quem quer que fosse, ou constituir uma acusação de defeitos que são o fundo comum da natureza humana, quando era preciso que a essas faltas costumeiras déssemos um cunho pessoal, sem o qual não haveria verdadeiro arrependimento. Devemos pôr de parte as nomenclaturas aprendidas nos livros e dizer com simplicidade *tudo o que fizemos*. Confissão útil é aquela em que, embora se confesse uma só falta, essa seja verdadeiramente devida a uma premeditação má, à secura do coração para com os outros, à indiferença em relação a Deus. Devemos chegar ao *motivo* que ocasionou a falta, sem parar na enunciação mecânica de um elenco de faltas.

Cristo censurava os fariseus por filtrarem um mosquito e engolirem um camelo. Não haverá ainda hoje cristãos que se confessam de ninharias e que saltam a pés juntos por sobre as suas ferozes maledicências, que parecem ter esquecido que Deus não nos perdoa se não nos perdoarmos uns aos outros do fundo do coração? Uma confissão que não nos custe e não nos doa de verdade, em vez de nos converter, faz com que adquiramos hábitos de mediocridade e nunca lhes ponhamos termo, se é que não nos levam ao pecado grave.

Acontece ainda que, sem nenhum pecado grave de que se acusarem, alguns se afligem por estarem reduzidos a confessar sempre as mesmas faltas. Esses devem fazer, de uma confissão para outra, um plano de emenda sobre algum defeito particular, mas não desanimar por incidirem habitualmente nas mesmas fraquezas. A perfeição é um trabalho de grande fôlego. Sempre falta cinzelar o metal da alma para que se assemelhe mais exatamente à figura de Cristo. A tarefa prolonga-se indefinidamente, porque nunca se atinge a semelhança perfeita.

Devemos estar, portanto, persuadidos de que não é inútil repetir constantemente as mesmas confissões. Isso prova que não nos resignamos à mediocridade, que continuamos a lutar contra o nosso egoísmo ou contra a nossa molície, e esta perseverança constitui, só por si, um progresso certo, assim como seria um retrocesso evidente deixarmos de lamentar as nossas faltas.

Mas há ainda outro resultado e também precioso que procede das confissões frequentes, tantas vezes idênticas umas às outras: aumentam em nós o espírito de contrição, um amor humilde por Cristo, tristes de não podermos provar-lhe melhor a nossa correspondência à sua bondade: percebemos o pouco que fazemos em resposta a tudo o que Ele faz por nós. E ganhamos com isso, porque, quando reconhecemos a nossa incapacidade de elevar-nos por nós mesmos, compreendemos que é Ele que nos eleva. Quando adquirimos esta convicção, acabamos por entender verdadeiramente o que é o perdão.

A RAZÃO DA NOSSA VIDA

> *"Entretanto, os discípulos lhe pediam: «Mestre, come». Mas ele lhes disse: «Tenho um alimento para comer que vós não conheceis». Os discípulos perguntavam uns aos outros: Alguém lhe teria trazido de comer? Disse-lhes Jesus: «Meu alimento é fazer a vontade daquele que me enviou e cumprir a sua obra.»"*
>
> (Jo 4, 31-34)

Ao voltar de Sicar, os discípulos abrem as provisões que traziam: pão, peixe salgado, pepinos, figos... Cristo parece nem prestar atenção à refeição que lhe preparam. É evidente que o seu pensamento não se encontra ali. Uma hora antes, estava esgotado de cansaço, morria de sede, e agora nada o tenta, nem mesmo uma fruta.

"Eu tenho um alimento que vós não conheceis". E o seu olhar perde-se no vazio. No vazio? Não. Segue o curso apressado da pecadora convertida, vê ao longe os habitantes de Sicar que se dispõem a vir ao seu encontro. Os discípulos renunciam a pedir-lhe que os esclareça sobre aquela resposta enigmática e procuram entre eles a explicação.

Um alimento que não conhecem! O Evangelho de São João traz-nos muitas frases misteriosas de Cristo, em que Ele se serve de nomes de coisas da terra para significar realidades espirituais. Era deste gênero a água viva que oferecia à Samaritana. Esse alimento desconhecido devia ser da mesma ordem, mas os discípulos não estão ainda habituados a olhar tão alto. Os seus olhos pousam no cântaro. Talvez Jesus já tivesse bebido, e, se a mulher lhe deu de beber, também lhe podia ter dado um pedaço de pão. Jesus corta-lhes pela base as hipóteses em que quase se perdem: "O meu alimento é fazer a vontade daquele que me enviou e cumprir a sua obra".

Já no deserto Cristo tinha repelido Satanás com um versículo da Lei: "Nem só de pão vive o homem, mas de toda a palavra que sai da boca de Deus" (Deut 8, 3). A missão que cumpriu junto da Samaritana substituiu-lhe a refeição. Já não tem sede, já não tem fome. Da cidade vêm vindo homens a quem terá por sua vez de instruir e salvar. Para isso é que foi enviado à terra. Será possível pensar em sentar-se e comer quando a colheita das almas se aproxima? Certamente que é preciso comer para viver, mas para que viver se se perde de vista o motivo pelo qual se vive? O valor da vida está ligado à razão pela qual vivemos. Para Jesus, viver não é nem comer nem beber, mas fazer a vontade daquele que o enviou.

* * *

Há bastantes anos, em Paris, o jovem escultor Brian acabava de concluir, na pobre mansarda que lhe servia de ateliê, o molde de uma estátua. Era inverno e nessa noite nevava intensamente.

Notando sobre o barro as fendas causadas pelo frio, o artista quis proteger o molde em que tinha posto o seu talento e o seu coração. Envolveu-o em dois cobertores, depois juntou-lhes os lençóis e por fim o sobretudo em que até então se envolvera, encolhido. Tiritando, deixou-se cair sobre a enxerga... No dia seguinte, encontraram-no morto, com o rosto imobilizado num sorriso. Para salvar a sua obra, tinha arriscado a vida.

Muitos homens ficariam embaraçados se lhes perguntassem o que fazem com a deles. Vivem. Viver é trabalhar para comer e beber, para criar os filhos, os quais terão por sua vez que trabalhar para se alimentarem, eles e os seus filhos. Por que procurar uma razão para viver? Vive-se. É tudo. É a vida a razão de tudo. É preciso viver bem. Por que fazer um problema moral de um fenômeno cuja origem e destino a ciência não pode explicar?

O que é a vida? Por um lado, surge como absolutamente independente de nós. Vivemos antes de o sabermos: a época do nosso nascimento, o lugar e o meio onde crescemos, as nossas qualidades como as nossas deficiências naturais, a duração da nossa estada na terra, colocam-nos em relação à vida numa situação de radical impotência. Estamos à mercê dos acontecimentos. Por outro lado, temos o poder de servir-nos deles, muitas vezes para a nossa felicidade, mas outras tantas para tornar a nossa vida um pouco menos feliz. Um erro na escolha de um curso, um mau passo ou um fracasso, e eis-nos mergulhados em sofrimentos irreparáveis, para nós e para os nossos descendentes. "A vida inteira — observa Augustin Cochin — depende de dois ou três *sim* e de dois ou três *não*".

Lamentamo-nos da monotonia da existência. Todos os dias, efetivamente, são feitos da repetição contínua das mesmas ocupações: trabalhar, tomar as refeições, prover sem descanso às mesmas necessidades, ocupar-se dos mesmos compromissos sociais. É sempre a mesma coisa. Mas, mesmo assim, não há dois dias que sejam parecidos. "Não nos banhamos duas vezes no mesmo rio", dizia Heráclito. Não se vê duas vezes a mesma luz. Não somos os mesmos ao sol e no meio do nevoeiro. Em cada idade temos um estado de alma diferente. A nossa vida é a continuação e a mistura de várias vidas.

É longa? É curta? O pêndulo vai oscilando. Basta estarmos quinze minutos à espera sem fazer nada, para sofrermos a interminável duração de um minuto. Os anos desaparecem e há dias em que julgamos que a noite nunca mais chega. Ora apalpamos a morte, ora imaginamos que não morreremos. Em que fantasmagoria estamos, pois, metidos?

E, contudo, basta uma palavra para unir todas as peças deste puzzle e fazer dele um quadro inteligível. Os contrastes da existência não são mais que aparências secundárias, desde que um princípio de unidade ligue entre si as ações mais diversas. E este princípio de unidade é a razão de viver. Tudo se ilumina, tudo é aceitável e tudo é bom nas nossas vidas se a nossa razão de viver é aquela mesma que fazia com que Jesus se esquecesse de beber e de comer, da fadiga e do repouso, do atraso ou do avanço das horas: "O meu alimento é fazer a vontade daquele que me enviou e acabar a sua obra".

* * *

Os que se queixam da vida não a compreenderam. O cristão não pode senão abençoá-la, porque sabe que vive para realizar um destino e que toma parte desde já na execução de uma obra eterna.

Todas as incertezas que sobrecarregam a existência humana são dissipadas pela revelação de Cristo. Alguém nos enviou a este mundo. Aquele que nos chama a participar da sua condição divina, como filhos adotivos, submete-nos à prova preliminar deste mundo. Por essa condição, a nossa vida ganha um rumo. Pelas suas origens como pelo seu fim, está ligada a um princípio de eternidade.

Não é, pois, possível a dúvida sobre o uso que lhe devemos dar. "Aquele que me enviou"... Deus confia-nos uma missão. Temos de procurar as intenções dAquele que nos enviou: tanto as suas intenções gerais sobre toda a raça humana, como também a sua visão particular sobre cada um de nós, os seus desejos precisos sobre cada uma das nossas ações. E depois de compenetrar-nos delas, fazer tudo o que pudermos para realizá-las.

Deus enviou-nos para trabalhar na sua obra, ou, como diz Jesus, para *acabar a sua obra*. A sua obra e a nossa são uma só. Se nós mesmos fôssemos o objetivo da nossa vida, esta não teria objetivo. O objetivo da nossa vida contém-nos e ultrapassa-nos. Viver é criar, é produzir. É fazer uma obra diferente do ser que vive. E que obra nos cabe? Colaborar com o Criador: acabar a sua criação.

Ora a sua criação é bela e salutar apesar do que apresenta ainda de inacabado, apesar das deformações que o pecado lhe imprimiu. Deus conta com a nossa cooperação para reformá-la e rematá-la. Se a organização do universo e a vida humana comportam ainda lacunas, é missão nossa preenchê-las. A nossa tarefa faz lembrar certos exercícios de gramática em que o jovem estudante tem de completar frases a que faltam algumas palavras. Temos que preencher os vazios. Onde descobrimos fealdade, temos que substituí-la pela beleza; onde vemos injustiça, temos que restabelecer a justiça; onde encontramos um sofrimento, temos que suprimir-lhe a causa e, se isso não nos for possível, levar-lhe pelo menos um lenitivo.

Eis a nossa tarefa diária. Consiste em fazer reinar, acima de tudo na família, a beleza proveniente da ordem e toda a felicidade que o amor é capaz de dar. Mas, a par do círculo da família, consiste também em fazê-las reinar em todas as esferas de atividade em que estejamos em contacto com o próximo: no escritório, nas transações de toda a espécie, nas relações sociais. Em toda a parte somos os promotores da ordem, da justiça: temos de criar por toda a parte beleza e felicidade. A nossa obrigação quotidiana, até nas nossas mais humildes ocupações, não é apenas trabalho pessoal, é exatamente a obra do Criador que somos chamados a continuar. Todos nós somos o que São Francisco de Assis podia dizer de si e dos seus primeiros discípulos: *"Nos sumus jocratores Dei"* — nós somos os jograis, os trovadores de Deus, destinados por Ele a levantar o coração dos homens e a impregná-los de alegria.

A nossa razão de viver é, por assim dizer, dar acabamento à obra dAquele que nos enviou. Completá-la primeiramente em nós: acabar a nossa criação pessoal realizando cada vez mais a nossa condição de filhos de Deus. Completá-la depois em volta de nós, dilatando entre os homens o reino de Deus. Não vejamos nisto duas tarefas alheias à nossa profissão ou aos nossos deveres de estado: fazem parte da nossa obra, que é a obra de Deus. Santificamo-nos e santificamos o mundo transfigurando por amor de Deus as nossas ações quotidianas e as nossas relações com o próximo. Ganhando o nosso pão, ganhamos o céu. Vendendo aos outros uma boa mercadoria, sendo bons para todos, levamos até eles um pouco do nosso cristianismo. É a nossa vida inteira que é uma obra divina, desde que façamos a vontade dAquele que nos enviou.

É assim que se resolvem as contradições da vida. Já não somos dominados pelos acontecimentos e pelos homens: a vida é como nós a fazemos. Não está subordinada às nossas alegrias e aos nossos sofrimentos; já não arrastamos a nossa existência, mas conduzimos agilmente a nossa vida, que já não é vazia porque a preenchemos, nem é vulgar, medíocre ou inútil, embora haja homens grosseiros, mesquinhos ou ociosos que malbaratam a sua. Qualquer vida é bela e fecunda desde que o nosso coração seja grande e forte. Os nossos sucessos deixam então de fazer-nos correr o perigo de embriagar-nos, e os reveses engrandecem-nos. Já não suportamos a vida, compreendemo-la, dominamo-la, amamo-la e damo-la.

"O cristianismo transforma os motivos — escrevia ainda A. Cochin —. A vida é sempre agir, sofrer, morrer. A santidade não é senão uma nova maneira de agir, de sofrer e de morrer".

Ora, o domínio desta arte consiste na convicção de que somos os mensageiros de Deus — "daquele que me enviou" —, associados à sua obra em todas as formas da nossa atividade. Esta convicção, que mata em nós todo o orgulho, torna-nos, contudo, orgulhosos e felizes de viver. Como os outros homens, o cristão conhece a amargura das lágrimas. Mas, porque recebe das mãos de Deus tanto a doçura como as dificuldades da vida, sente sempre plena alegria e serenidade no seu coração: alegria nas horas radiosas e serenidade nas horas cinzentas. Alegria e serenidade são os traços que distinguem a fisionomia do cristão.

A sua vida é curta e pequena, porque é uma obra humana; mas é grande e infinita porque com ela faz a obra de Deus. Esta não o sobrecarrega, porque é uma responsabilidade que Deus Pai lhe confiou. É bela, porque completa a beleza da Criação. É sempre um bem, porque em todos os instantes pode com ela fazer o bem.

O OTIMISMO CRISTÃO

"Não dizeis vós que ainda há quatro meses e vem a colheita? Eis que vos digo: levantai os vossos olhos e vede os campos, porque já estão brancos para a ceifa."

(Jo 4, 35)

Quando Jesus envia os setenta e dois discípulos a pregar o reino de Deus, compara a multidão de almas, ávidas da palavra divina, a uma colheita já madura para a qual não há bastantes ceifeiros. Cristo faz alusão, sem dúvida, a um ditado rural, familiar aos lavradores da Palestina: "Entre a semeadura e a colheita ainda há uns bons quatro meses". O que quer dizer: Não vos gasteis inutilmente em esforços prematuros; antes de quatro meses será inútil pôr mãos à obra; é preciso dar aos cereais tempo para crescerem e amadurecerem.

Mas as demoras não são tão rigorosas quando se trata de que a colheita das almas chegue à maturidade. Quatro meses para que uma alma responda à graça? Muitas vezes é preciso muito mais tempo; outras vezes, porém, muito menos.

Ainda agora uma pecadora se aproximou do poço, procurando apenas acalmar a sede física. Mas ela recebeu o dom de Deus, reconheceu os seus pecados, e o seu espírito abriu-se à verdade.

Em poucos instantes a semente germinou, cresceu e amadureceu.

Com a alma purificada, o coração renovado, essa mulher dirige-se à cidade, grita a todos a sua alegria por ter encontrado o seu Salvador: "Vinde ver um homem que me disse tudo o que eu fiz. Será porventura o Cristo?" Cheios de espanto, os seus concidadãos seguem os passos da humilde e corajosa neófita e saem da cidade atrás dela.

Os tons claros dos vestuários formam uma grande mancha branca sobre os campos. Uma multidão de almas avança para o divino ceifador. Cresce o grão lançado pela Samaritana nos corações que, sem o saberem, esperavam a graça. Dentro de algumas horas, o reino de Deus contará novos filhos. Jesus Cristo explica assim, aos que deveriam continuar a sua obra, as leis misteriosas do apostolado. Mas antes de escutarmos o seu ensinamento, será bom repararmos na lição de otimismo e confiança que nos quer dar em primeiro lugar.

* * *

"Levantai os olhos e vede os campos que já branquejam para a colheita".

Os discípulos olham efetivamente, e não compreendem nada. Ainda não há uma hora, circulavam nas ruas de Sicar em busca de víveres. As pessoas tinham-nos encarado com ar desconfiado; eles próprios não se tinham sentido à vontade no meio dos seus inimigos de nação e de culto. E eis que esses samaritanos, esses semi-pagãos correm ao encontro de Jesus e vão tomar lugar, como eles, no reino de Deus.

Os discípulos tinham trocado com os habitantes da cidade as palavras indispensáveis, exatamente as necessárias para obter os comestíveis e pagar. Certamente não lhes tinha passado pela cabeça revelar a sua identidade, nem confiar a esses estrangeiros que eles tinham encontrado o Messias, que o Filho do Homem os designara para estabelecerem com Ele o Reino de Deus na terra, e que já a boa nova, essa que levavam a Israel e por ele à humanidade, convidava à paz e à felicidade. Nada lhes tinham dito de tudo isso. Com pressa de chegar à Galileia o mais breve possível, tinham-se apressado a adquirir as provisões. Não, eles nada tinham dito daquilo que se tornara afinal e subitamente a grande paixão da sua vida, a ponto de deixarem tudo, a família e a profissão, para seguir Cristo. Nada tinham deixado ver da sua vida transfigurada pela chamada do Mestre. Aliás, como teriam sido acolhidas as suas palavras?

Ora, o que eles não fizeram — eles, os íntimos de Jesus Cristo —, uma mulher teve a ideia e a coragem de o fazer, uma mulher estrangeira, que mal conhecia Jesus. O que eles tinham guardado em segredo, essa convertida de há uma hora não pôde guardar para si. Ainda mais, em vez da indiferença, das risadas ou da hostilidade que talvez eles temessem suscitar com uma confidência intempestiva, os habitantes de Sicar deram ouvidos à narração da pecadora que se acusava e os conquistava com a sinceridade do seu entusiasmo. E agora a pequena cidade dirigia-se toda inteira ao encontro de Jesus.

É verdade que, apesar de tudo, as pessoas são menos más e estão menos afastadas do Evangelho do que se supõe geralmente, e muito especialmente do que nós, fiéis, estamos dispostos a admitir. Andamos para um lado e para outro, pelo meio delas, sem pensar em comunicar-lhes alguma coisa do nosso cristianismo ou sem ousar fazê-lo: essas pessoas não teriam talvez necessidade apenas desse ato de audaz caridade para virem a Cristo? Não acontece também que os cristãos de nascimento são mais tímidos que os convertidos? E que os humildes, os que não estudaram, ultrapassam os doutos no apostolado?

"Levantai os olhos e vede"... Também a nós Cristo repete estas palavras de ordem e de confiança. A nossa fé é demasiado erudita, apoia-se mais nos textos e nos argumentos do que nEle, e é isso que nos torna hesitantes. Não cremos bastante nEle, e por isso duvidamos demasiado dos outros e duvidamos demasiado de nós próprios.

* * *

"Os campos já branqueiam para a ceifa". As severidades do Evangelho como precaução contra as forças do pecado, a disciplina que o texto sagrado pede ao cristão para imunizá-lo contra elas, fazem esquecer a muitos todo o otimismo que a mensagem de Cristo traz consigo. E, no entanto, essa mensagem é a boa nova de salvação para toda a terra. O otimismo do Salvador não se desmente nunca: pelo contrário, afirma-se cada vez mais, à medida que os acontecimentos parecem ir contra a sua missão.

Quando as multidões corriam a ouvi-lo e aclamá-lo, quando a fama das suas curas arrastava para Ele as massas, quando Ele próprio "via Satanás cair do céu como um relâmpago" (Lc 10, 18), o sucesso estava à vista. Mas quando se cala, quando a elite da nação o renega por inveja, quando as multidões já não o seguem, quando tem que se afastar da Galileia e refugiar-se na fronteira, em Cesareia de Filipe, é ali que promete a Pedro que os poderes do inferno não prevalecerão contra a sua Igreja. Quando, mais tarde, a sua cabeça for posta a prêmio e Ele antevir o cadafalso em que será executado, será então que declarará: "Quando eu for levantado da terra, atrairei todos a mim". Sobre a cruz, no momento em que vai morrer, traído, repelido, abandonado, a sua derrota parece evidente, a sua obra um fracasso. Não, diz Ele, como se lançasse um grito de triunfo, a vitória foi plena: *Consummatum est!* "Tudo está consumado!" E depois de ressuscitar, reúne os seus Apóstolos e ordena-lhes com palavras tranquilas que ganhem para o Evangelho todas as nações, porque está com eles; estará conosco todos os dias até ao fim do mundo.

Decidir-nos-emos a esmigalhar de uma vez os óculos escuros através dos quais nos obstinamos em ver a vida e o mundo? É verdade que existem imitações de otimismo não menos perigosas que a mania de ver tudo negro. Por exemplo, a política de avestruz, o "tudo se há de consertar", que implica que nós próprios não queremos ser incomodados em nada, a recusa de ver as desgraças dos outros para não ter que socorrê-los etc. São atitudes baixas, indignas de um homem.

O otimismo cristão não leva a fechar os olhos às realidades duras da vida e do ambiente, por muito miseráveis e tristes que sejam. Com os olhos levantados, como o Mestre quer, o cristão contempla a realidade bem de frente, mas não vê nela apenas miséria e tristeza. Ainda que aqui e acolá as colheitas tenham sido destruídas pela tempestade, e a terra esteja queimada ou o solo desesperadoramente árido, ao lado dessas calamidades, o cristão distingue sempre as colheitas maduras.

Mas onde estão elas?, perguntam. O mundo não vira cada vez mais as costas à lei, e até à ideia de Deus? As nações que se dizem cristãs adotam os costumes do paganismo. As consciências aviltam-se progressivamente, desencadeiam-se os apetites, impera a abulia das pessoas de bem. Levantam-se barricadas entre a ambição rapace de uns e a inveja desenfreada de outros, matam-se uns aos outros em guerras raciais, de tribos, de crenças... Acirram-se as paixões humanas mais sórdidas. E vindes falar de otimismo, de converter o mundo, de tornar os homens melhores?

Há dois mil anos, uma multidão entusiástica e alegre aclamava a entrada de Jesus em Jerusalém, agitando ramos de árvores e cantando-lhe hosanas. Cinco dias depois, a mesma multidão pedia a sua morte: levem-no, crucifiquem-no! Mas cinquenta dias depois, o povo sente despedaçar-se-lhe o coração ante o discurso de Pedro, e três mil pessoas pedem para ser batizadas. Sim, as multidões são versáteis, mas precisamente por isso têm a capacidade de converter-se. Não se deve desesperar da multidão, deve-se amá-la e esclarecê-la.

Temos de salvar o povo devolvendo-lhe o seu verdadeiro Salvador. Compreendamos bem que duvidar da salvação do mundo equivale a negar a virtude do Evangelho e as promessas de Jesus Cristo. Se a caridade de Cristo pôde encontrar asilo nos nossos corações — que afinal pertencem a esta raça humana da qual quereríamos desesperar —, com que direito podemos pretender que a humanidade no seu conjunto será sempre má?

No mundo não reina só o pecado. Se o mal progride, o bem também progride. Há cristãos que apostatam? Mas há infiéis que se fazem cristãos e apóstatas que voltam à fé dos seus ancestrais. Reparamos nas barreiras que se levantam, mas temos de reparar também nos cristãos que, apaixonados aqui e acolá por um mesmo ideal de justiça, se entregam à tarefa de apaziguar os conflitos que dividem os homens.

Nas horas de crise como as que vivemos, o cristão otimista conserva a sua calma e espalha-a à sua volta: é uma força social. Mesmo quando os acontecimentos desandam contra a sua esperança, continua confiante. Sabe que a obra do Bem jamais é destruída, que o sacrifício dos bons nunca é vão: está seguro da vitória, mesmo que, como o grão de trigo, tenha de cair na terra e morrer. Porque a morte de Cristo não foi um fracasso e a cruz não é um símbolo de derrota.

E, aliás, porventura os acontecimentos melhoram por nos deixarmos dominar pelo desespero? Só se faz recuar o mal quando se é forte. Ora, o pessimista é um fraco que se abandona à sua fraqueza. Os seus temores aumentam o perigo, o seu desvario precipita-o nele e arrasta os outros. Assim como é o apavorado quem faz cair os valores mais sólidos da Bolsa, e o medroso quem enerva e atrapalha a resistência do militante, é o cristão insípido quem, em vez de comunicar a sua fé ao mundo, a arruína no seu próprio coração. Como se pode acreditar em Deus e cultivar ao mesmo tempo o desespero? Deus não precisa de quatro meses para fazer amadurecer a colheita das almas, para mudar o mal em bem, para refazer a obra destruída pelo pecado e salvar as nações.

Mas tem necessidade de nós, da nossa oração confiante e da nossa ação corajosa. Uma Samaritana basta-lhe para converter uma cidade, mas Ele precisa dela. Necessita de apóstolos para fazer irradiar o Evangelho pelo mundo, e esses apóstolos são o pai e a mãe de família na sua casa, o estudante no Colégio e na Faculdade, o aprendiz diligente na sua oficina, a operária alegre e casta na sua fábrica, o empregado esforçado no seu escritório, o cristão que, onde quer que esteja, respira e transmite alegria, inspira amor ao bem, e que, sendo sempre reto e nobre de caráter, faz com que os outros amem Cristo. Não existe outro meio de converter o mundo, mas esse é suficiente para estabelecer a paz entre os homens e reconduzi-los a Deus.

SEMEADORES E CEIFADORES

"O que ceifa recebe o salário e ajunta fruto para a vida eterna; assim o semeador e o ceifador juntamente se regozijarão. Porque eis que se pode dizer com toda verdade: Um é o que semeia outro é o que ceifa. Enviei-vos a ceifar onde não tendes trabalhado; outros trabalharam, e vós entrastes nos seus trabalhos."

(Jo 4, 36-38)

Guiados pela Samaritana, os habitantes de Sicar vão até o poço de Jacó. Em dois dias o pequeno povoado será conquistado pelo Evangelho. Jesus pressente a alegria que os seus discípulos experimentarão ante o espetáculo dessa conversão em massa, mas tem o cuidado de pô-los de sobreaviso contra a ilusão dos sucessos demasiado fáceis: têm de saber que foram outros os que prepararam essa colheita — outros desde Moisés e os Profetas, passando por muitos justos ignorados e acabando no proselitismo irresistível de uma convertida.

A colheita necessita do trabalho de semeadura, mas é frequente que quem semeia não recolha o fruto. O provérbio diz a verdade: "Um é o que semeia e outro o que colhe". Quando ata os molhos carregados de espigas, o ceifeiro não deve esquecer que outro arou e semeou o terreno. E o semeador, que certamente já não estará presente quando as colheitas forem empilhadas no celeiro, não deve entristecer-se por ter trabalhado sem ver os frutos. Tanto os semeadores como os ceifeiros devem regozijar-se. O esforço de uns é tão necessário como o dos outros: trabalham para uma mesma obra, proporcionam às almas a vida eterna.

Se este ensinamento de Cristo se dirige mais em geral àqueles que têm almas a seu cargo — pais, educadores, sacerdotes —, convém também a todos os cristãos que, tomando a sério o seu dever de apostolado, se dedicam a conduzir ou reconduzir o próximo ao bem. Jesus Cristo não quer que nos desencorajemos diante da lentidão ou da modicidade dos resultados dos nossos esforços, o que poderia levar-nos a pensar que os nossos esforços são vãos; como, por outro lado, não quer que, se esses esforços são corados de êxito, atribuamos o mérito a nós mesmos. Mandatários de Cristo junto das almas, devemos ser ao mesmo tempo perseverantes e humildes.

* * *

Há normas para o apostolado, mas nada é mais incerto e mais variável que a sua eficácia. Desde que se procura atrair alguém para um bem moral ou espiritual, é preciso contar com a sua liberdade, diante da qual o próprio Deus tem as mãos atadas, e ainda com influências alheias ou opostas à nossa. Se juntarmos a isso o nosso próprio modo de ser, com as suas qualidades e também com os seus defeitos, é impossível prever qual a proporção entre os nossos esforços e os seus resultados.

Onde pensávamos ter êxito, encontramos só insucessos e decepções: não teríamos feito melhor abstendo-nos? Inversamente, a ação que hesitávamos em empreender, presumindo que depararia com dificuldades intransponíveis, teve um êxito maravilhoso. Para procurarmos aproximar uma pessoa de Deus, nuns casos fomos unindo ao sacrifício e à oração a delicadeza e a prudência no trato, mas as nossas tentativas não deram em nada ou até afastaram ainda mais essa pessoa da religião. Em outros, pelo contrário, uma conversa breve com um estranho, colocado providencialmente no nosso caminho, trouxe à tona remorsos secretos e despertou nele um desejo de luz que decidirá bruscamente a sua volta a Deus.

Deus permite estas experiências paradoxais, sem dúvida para nos convencer de que é Ele quem atua. O Senhor requer a nossa cooperação, mas não passamos de instrumentos com que Ele leva a cabo a sua obra. Reclama os nossos esforços, quer dizer, tudo o que depende de nós, mas o resultado depende dEle.

São Paulo diz à jovem Igreja de Corinto, onde alguns discípulos preferiam ao seu ministério o de Apolo: "Eu plantei, Apolo regou, mas foi Deus quem deu o crescimento. Nem o que planta nem o que rega são alguma coisa, mas unicamente Deus [...] Nós somos os cooperadores de Deus"

(1 Cor 3, 6-9). Este texto do Apóstolo é a interpretação fiel da frase de Jesus que comentamos.

Quer se trate de educação, de edificação ou de conversão, em todos os casos o nosso trabalho necessita da aquiescência daquele que é objeto das nossas preocupações, mas não somos nós, e sim Deus, quem desperta nele essa boa disposição, quem a sustém e finalmente faz com que chegue ao resultado a que aspiramos. Porque — ainda segundo São Paulo — "é Deus quem produz em nós o querer e o agir" (Fl 2, 13).

Mas Deus escolhe "cooperadores", e não deixa de ser admirável que Ele tenha querido o nosso concurso para a execução da dupla tarefa de plantar e colher. Jesus compara estes dois tempos do apostolado aos dois trabalhos distintos do semeador e do ceifeiro, e equipara-os. O ceifeiro tem a alegria de *levar uma alma a Deus*. O trabalho do semeador é mais obscuro e mais longo: *leva Deus às almas*. Mas um e outro são iguais: "cada um receberá a sua recompensa, segundo o seu trabalho" (1 Cor 3, 8).

* * *

A afirmação de Cristo é encorajadora. Seríamos tentados a julgar o valor do nosso trabalho só pelos seus efeitos imediatos. Ora, a alegria do ceifeiro não pode fazer esquecer que, se alguém decide abrir-se a Deus pelos nossos cuidados, houve muitos que trabalharam antes de nós para essa decisão. Fomos enviados a recolher, mas outros tinham lançado a semente: do céu ou do purgatório, um defunto tinha rezado por esse convertido, um doente desconhecido tinha oferecido por ele os seus sofrimentos, uma leitura, a palavra de um amigo, um bom exemplo de um cristão tinham-no influenciado sem ele dar por isso. Há muitas sementes que se poderiam julgar perdidas, levadas pelo vento, e que no entanto penetraram fortemente nessa alma, por uma fenda imperceptível, recobertas no princípio por uma espessa camada de indiferença, aparentemente sufocadas pelas paixões adversas. Porém, o sol de Deus velava por esses grãos enterrados. E então viemos nós, pusemo-nos a adubar e regar a terra, e a boa semente cresceu e amadureceu. Eis uma alma que conduzimos a Deus: porém, outros tinham dado já Deus a essa alma.

Mas Jesus quer que o semeador se regozije tanto como o ceifeiro. Não devem esquecer isto os que rezam há muito tempo pela conversão de um ser querido, os que esgotaram todos os recursos ditados pela sua fé em Deus e pelo amor ao próximo... e que não veem aparecer nada. Semearam com a melhor vontade: por que perder a coragem se Jesus quer que esperem pela alegria da colheita futura?

Não devemos assemelhar-nos ao garoto que cultiva o canteiro do jardim que o seu avô lhe confiou: plantou, regou, e depois, com alguma razão, impacienta-se de nada ver crescer. Então esgravata a terra para que a pequenina haste possa despontar mais depressa, mas ao descobri-la expõe-na prematuramente ao sol que a seca. Na cultura das almas, não se pode ter esta impaciência pueril.

Não tentemos arrancar o fruto antes que esteja maduro. Não estraguemos a flor tentando abri-la com os dedos. A flor abrirá, o fruto amadurecerá na estação e na hora que Deus sabe. Por nós, semeemos, reguemos e esperemos.

Estamos enganados quando dizemos: falhei na educação dos meus filhos; não soube espalhar o bem à minha volta. O que importa é que tenhamos semeado, que tenhamos anunciado Deus às almas. Quando Ele quiser, essas almas voltar-se-ão para Ele. Nós talvez não estejamos lá para o ver, mas outros colherão o que nós semeamos.

Tudo se simplifica se, em lugar de considerarmos a educação de um filho ou a conversão de um descrente como obra própria, a olhamos como obra de Deus. O Mestre chamou-nos quando quis e ordenou-nos que semeássemos. Se são outros quem deve colher, não nos entristeçamos com isso; pelo contrário, alegremo-nos de ter semeado. O Mestre confiou-nos uma pequena parte do seu domínio, e o terreno que nos entregou é árido, obstruído de pedras, mal exposto ao sol: nada cresce nele. Não é como o terreno do lado. Não devemos inspecionar o campo que foi entregue ao vizinho: conservemo-nos no nosso e trabalhemos nele corajosamente, porque estamos a fazer aí a obra de Deus. O que não pudermos acabar, outros o completarão. E é por isso que quem semeia deve regozijar-se...

A verdadeira alegria do apóstolo não está apenas no ato de colher, mas tanto ou mais no de semear. Ora nós podemos semear sempre. Semear é rezar, e depois agir, falar, deixando cair com sentido de oportunidade e amavelmente a palavra oportuna. Não é isso fonte de alegria, tanto como a que se experimenta ao colher?

ORAR PARA CRER

> *"Assim, quando os samaritanos foram ter com ele, pediram que ficasse com eles. Ele permaneceu ali dois dias. Ainda muitos outros creram nele por causa das suas palavras."*
>
> (Jo 4, 40-41)

Poderíamos prever que as coisas progredissem tão rapidamente entre os habitantes de Sicar, se partilhavam com certeza dos preconceitos comuns dos samaritanos em relação aos judeus? Mas a Samaritana assegurou-lhes que esse judeu não era um inimigo da sua nação, e os preconceitos atávicos caíram por terra. Foram ter com Ele.

Foram para saber se ele era o Cristo? Era de esperar que, chegados à presença do presumível Messias, pelo menos lhe pedissem que apresentasse as suas credenciais. Os judeus importunarão continuamente o Salvador para obter um sinal deslumbrante que lhes garanta a missão de que Ele se diz investido. Não assim esses bons samaritanos, que não lhe pedem nenhum milagre que os convença de que é o Messias. Afinal, mudar um coração, iluminar e purificar uma consciência, não será isso uma obra propriamente divina? A conversão da compatriota dispensa os habitantes de Sicar de solicitar outros prodígios.

Jesus e a SAMARITANA

Não pedem milagres a Jesus; desejam apenas ouvi-lo. Mas precisam de mais tempo do que o de uma breve conversa ali junto do poço; querem ouvi-lo à vontade. As primeiras palavras que lhe dirigem não se parecem nada com os interrogatórios desconfiados que Jesus deveria suportar tantas vezes: são um pedido: "Pediram-lhe". Já têm confiança nEle. Pedem-lhe que adie a sua partida, que descanse em casa deles, ainda que seja só por uma noite. A Samaritana tinha-lhes falado, sem dúvida, do estado de fadiga em que o tinha encontrado.

Jesus acede sem hesitar. Deixa-se cercar por esses estrangeiros ávidos de verdade e atentos às suas palavras, que o escoltam até à vila; pouco depois disputarão a honra de oferecer-lhe hospitalidade. E Jesus partirá de lá com pena, depois de ter passado com eles dois dias.

Essa simpatia que se estabelece de parte a parte é um dos elementos mais misteriosos da fé, e uma das suas condições indispensáveis. São João nota-o com tanto mais agrado quanto é certo que, um pouco antes, nos oferece uma observação muito diferente a propósito da primeira estada do Mestre em Jerusalém. Comenta que "um grande número acreditou no seu nome, à vista dos milagres que fazia", mas acrescenta esta inesperada reflexão: "Porém, Jesus não se fiava deles, porque os conhecia a todos... e sabia o que há em cada um" (Jo 2, 23-25).

Sabia que esses homens, à vista dos seus milagres, tinham imediatamente reconhecido nEle o poder de Deus, mas sabia também que lhe pediriam o que Ele não lhes daria, e que o seu entusiasmo não resistiria às próximas decepções. Em breve compreenderiam que Jesus não ia realizar neste mundo uma revolução material, mas apenas convidar os seus discípulos a modificar as disposições do seu coração; compreenderiam que, em vez de uma cruzada vitoriosa contra os infiéis, a única guerra para a qual Jesus os iria alistar era a guerra contra os instintos egoístas da natureza, e que a prática incessante da caridade devia ser, segundo Ele, o único meio de estabelecer o Reino de Deus entre os homens. Então, quase todos os partidários da primeira hora o abandonaram e se voltaram contra Ele. Os milagres que bruscamente os tinham decidido a acreditar seriam ainda mais depressa esquecidos e não os levariam a ver neles a mão de Deus, mas a declarar categoricamente que eram obra de Belzebu. Os milagres tinham-lhes aquecido a imaginação: não os tinham convertido.

Muito diferentes foram os habitantes de Sicar. O regresso súbito da pobre Samaritana introduziu-os nas verdadeiras regiões da fé. Não vêm como recalcitrantes que expõem os seus preconceitos, mas como discípulos que só pensam em ouvir, aprender e mudar. Jesus podia acreditar neles e foi por isso que ficou na cidade dois dias inteiros.

Comparando estes dois episódios, somos levados a constatar uma regra geral. Há profissões de fé em que Jesus não acredita: deixam-no incrédulo. E, em contrapartida, há homens que julgam não ter fé, que se desesperam de não chegar a crer, mas nos quais Jesus, que sabe o que há em cada um, acredita e confia.

Não nos deve passar desapercebido o verdadeiro caráter da fé: não é a adesão intelectual a uma doutrina que nos parece verdadeira ou apenas plausível, porque, se fosse assim, a regra da fé seria o nosso juízo, e cairíamos numa contradição. Isso não impede que haja uma preparação intelectual para o ato de fé, que consiste em verificar os fundamentos da revelação. Mas quando julga devidamente provado que Deus falou, o crente aceita o ensinamento divino, tal como é, e submete-se docilmente a todas as suas conclusões.

É, além disso, digno de nota que Jesus não proponha aos seus contemporâneos que avaliem o teor e aprovem o valor da sua mensagem. Diz-lhes: "Crede em mim". Não se crê em qualquer coisa, crê-se em alguém. Diante daqueles que lhe recusam a sua crença, Jesus não lhes chama a atenção para a qualidade da sua doutrina e nem sequer quer que se fale da *sua* doutrina, pois é a doutrina dAquele que o enviou. Diz-lhes: "Crede nas obras que faço" (Jo 10, 38). Os seus milagres deviam autenticar o caráter divino da sua pessoa e da sua missão, mas, uma vez reconhecido este, não há outra saída senão crer nEle, ter confiança nEle, segui-lo, escutar a sua palavra e pô-la em prática.

Sem dúvida, crer em Jesus implica que temos por verdadeiro o seu ensinamento, mas é por via de consequência. Aceitamos a sua palavra porque cremos nEle. Crer é, antes de tudo, afeiçoar-se a Jesus Cristo, reconhecer a sua divina autoridade, fazer parte da sua escola, dar-lhe a nossa obediência.

Observemos o caminho que os habitantes de Sicar seguiram para chegar à fé. Um testemunho humano revelou-lhes Jesus, e eles querem vê-lo. Tendo-o visto, são imediatamente conquistados por Ele, mesmo antes de ouvi-lo. Então pedem-lhe. Pedem-lhe que fique com eles. A sua palavra faz o resto: ouviram-no e creram.

* * *

A um descrente, oferecem-se livros ou proporciona-se um encontro com um católico esclarecido. É uma coisa boa, mas não é o bastante. Se o estudo teórico da religião é algo necessário, contudo não é suficiente. Se nos limitamos a colocar sozinho, diante do edifício da fé cristã, um homem que procura a verdade, pode ser que ele se convença da veracidade do que lê e estuda, mas também é possível que isso não aconteça, no todo ou em alguns pontos, e nesse caso, como convencê-lo?

O homem atraído pelo cristianismo, seja pelo que já dele conhece, seja pelos exemplos de um cristão, tem de ser primeiro conduzido a Cristo, mergulhado em cheio no Evangelho, e fazer oração. Sem oração, desenvolverá os seus conhecimentos, mas pode também ver aumentadas as suas dificuldades intelectuais. Sem o estudo, a oração não resolverá todas as suas hesitações, mas a oração unida ao estudo facilitará a sua fé.

Efetivamente, quando um homem procura a verdade religiosa, possui já um germe de fé. Não a deu ele a si próprio, recebeu-a: é um dom de Deus, que no vocabulário teológico se chama uma graça. Aqui se renova a misteriosa troca, que São João nos explica a seguir, entre Jesus Cristo e o homem que o procura. Se a vontade deste último é reta, se Jesus pode acreditar nele, a graça far-se-á cada vez mais insistente, até se tornar irresistível.

A graça manifesta o desejo que Deus tem de aproximar-se dos homens que quer salvar. E sempre que o desejo divino encontre um eco no coração do homem, a resposta do homem é o seu desejo de crer. Dissemos que esta boa vontade inicial é indispensável. Ora, este desejo, para que não seja uma veleidade passageira, para que conduza à fé, deve ser mantido, sustentado, e por isso é preciso conseguir que, simultaneamente com o estudo da religião, aquele que procura reze.

Replicar-se-á — e o primeiro a formular esta objeção será a pessoa que procura — que, para rezar, é preciso crer, que, para invocar Cristo, é necessário não duvidar já da sua divindade.

No entanto, dizer a Deus: "Se existes, dá-te a conhecer a este que te procura", não constitui uma petição de princípio. Não há nesta oração nenhum ilogismo. É, pelo contrário, uma das mais sinceras e comoventes orações humanas.

Não é uma atitude ilógica porque aquele que não está ainda seguro da existência do mundo sobrenatural, pode já manifestar que está disposto a admiti-lo quando disso tiver a certeza. A sua oração é um primeiro passo em direção a Deus em quem quer acreditar: é uma tentativa leal de encontrá-lo. Também não é uma oração vã, mas necessária, porque, chamando a si esse Deus que continua a ser-lhe desconhecido ou ainda incerto, neutraliza a ação contrária das potências cegas e das paixões que tendem a retê-lo na descrença.

Não deixemos nunca de fazer com que os descrentes que procuram a verdade rezem. Não a procurariam se Deus os não atraísse a si. A oração facilitará a sua aproximação. A oração que podem dizer está com todas as letras no Evangelho: "Senhor, ajuda-me a vencer a minha incredulidade" (Mc 9, 24). Haverá apelo que mais possa tocar a misericórdia de Deus? A Igreja dá-nos essa garantia ditando-nos esta oração: "Ó Deus, que mostras a luz da verdade aos extraviados, a fim de que possam encontrar o caminho da salvação..."

Por muito condicional que seja a oração de quem procura, põe-no sempre em condições de prosseguir o seu estudo com mais fruto. Orar é afirmar pelo menos que Deus é possível, mas é ao mesmo tempo entrar numa atmosfera que torna o Evangelho mais luminoso. Sabemos por experiência que Deus se faz amar antes de se fazer compreender.

Os habitantes de Sicar começam por pedir a Jesus que fique com eles; depois ouvem-no. Assim também aquele que procura deve familiarizar-se o mais cedo possível com as páginas do Evangelho que lhe sejam mais acessíveis. Não diremos ao descrente que viva exatamente como um cristão: não pode nem deve fazê-lo. Enganá-lo-íamos e até poderíamos a induzi-lo ao sacrilégio se o autorizássemos, por exemplo, a fazer a experiência da vida sacramental. Mas essa pessoa pode pelo menos tentar praticar as virtudes essenciais do cristianismo: a castidade, a lealdade e a afabilidade com o próximo, o espírito de serviço etc.

Se se coloca assim sob a influência de Cristo, antes mesmo de crer nEle; se experimenta corajosamente viver em conformidade com o Evangelho, a título ainda de simples experiência humana, pouco a pouco a doutrina de Cristo penetrará no seu espírito: assimilará o pensamento de Deus. Terá sido a sua oração pobre e hesitante que o conduziu ao limiar da fé.

* * *

A lição de Sicar também não deve ser esquecida pelos que já temos o dom da fé. Como todos os sentimentos mais nobres da alma, a fé é qualquer coisa de extremamente delicado: pode haver dias e circunstâncias em que nos pareça menos firme, um pouco vacilante, ou em que sofra eclipses, pelo menos parciais.

Por isso se impõe ao crente, não só a obrigação do estudo para esclarecer essas inseguranças ou para lhes dar remédio, mas entregar-se à oração. Podemos afirmar que o declive da crença será poupado ao cristão que mantém fielmente o contacto diário com Jesus Cristo: o breve encontro da oração da manhã, o encontro mais íntimo e mais demorado da comunhão eucarística, as profundas luzes que a leitura do Evangelho proporciona.

E se a incerteza persistir, temos de pedir a Cristo — como fizeram os habitantes de Sicar e mais tarde os discípulos de Emaús — que fique conosco. "Senhor, fica conosco". Temos de atualizar então a consciência da presença de Deus na nossa vida, esforçar-nos por passar "dois dias" com Ele. Isso leva-nos a viver constantemente sob o seu olhar, a associá-lo ainda mais a todas as nossas ações do dia, a dirigir-nos com Ele ao trabalho, a falar-lhe como a um companheiro de caminho. O sentimento da sua presença dará às nossas conversas com os familiares e os colegas um tom mais elevado. Os nossos pensamentos íntimos serão inspirados no seu espírito, as nossas afeições serão mais fortes, os nossos desgostos menos aflitivos, o seu sorriso alegrará o nosso despertar e nos levará a saudar com Ele as esperanças do novo dia.

Então admirar-nos-emos de ter podido duvidar. Verificar-se-á uma vez mais a promessa divina: "Permanecei em mim e eu permanecerei em vós" (Jo 15, 4).

A EXPERIÊNCIA DA FÉ

> *"E diziam à mulher: «Já não é por causa da tua declaração que cremos, mas nós mesmos ouvimos e sabemos ser este verdadeiramente o Salvador do mundo.»"*
>
> (Jo 4, 42)

Não vamos imaginar nesta observação dos habitantes de Sicar intenções ofensivas relativamente à Samaritana. Ficar-lhe-ão agradecidos durante toda a sua vida por tê-los conduzido a Cristo: ela foi a intermediária providencial que lhes permitiu crer.

Mas o que ela lhes anunciou foi sem dúvida imensamente excedido pelo que o próprio Salvador lhes disse. Sim, ela teve mil vezes razão em arrastá-los até o poço de Jacó, porque o que lhes anunciou não foi nada ao pé do que eles ouviram durante os dois dias que Jesus Cristo passou com eles. É como se tivessem observado à mulher: "Tu não nos enganaste, mas a verdade é ainda mais bela do que nos tinhas dito". Assim raciocinarão sempre os que fizeram a experiência da fé. Ao cristão mais persuasivo que, louvando a suavidade do perdão divino, tenha levado um pecador a converter-se, este não poderá deixar de acrescentar, ao agradecer-lhe: "A paz de Deus é qualquer coisa de muito mais doce do que me tinhas feito pressentir". Esta confissão só pode inspirar ao cristão apóstolo dois sentimentos: uma grande alegria pela felicidade do seu irmão e a humildade por ter sido escolhido por Deus para lhe levar um pecador. São Bernardo cantará num dos mais belos hinos da liturgia:

> *Nec lingua valet dicere*
> *Nec littera exprimere*
> *Expertus potest credere*
> *Quid sit Jesum diligere.*

> Nenhuma língua pode dizer,
> Nenhuma letra pode exprimir,
> Ninguém que não o experimentou pode acreditar
> No que é amar Jesus.

A experiência dos habitantes de Sicar não enfraquece o testemunho da Samaritana: acrescenta-lhe uma luz irresistível. Sob a influência direta de Cristo, aqueles homens e mulheres entregam-se inteiramente a Ele. Não há discursos, não há livros nem exemplos que possam dar ao crente uma certeza mais forte do que a que resulta da presença e da ação de Cristo no seu interior.

* * *

Segundo vários autores que comentaram esta passagem do Evangelho, pode-se ver na Samaritana uma imagem da autoridade da Igreja, sobre a qual se funda necessariamente a nossa crença. A *fé por via de autoridade* é indispensável: é por ela que começamos. Vem depois a *fé por experiência*, adquirida pelo contacto espiritual com Cristo, na frequência laboriosa dos sacramentos e através das vicissitudes da vida cristã.

Mas se esta convicção por experiência, por ser nossa, nos impressiona mais do que aquilo que nos diz a Igreja, nem por isso pode prescindir dos ensinamentos dela: é uma confirmação da fé, não pode ser a sua causa. A fé baseia-se exclusivamente na revelação de Deus, e erraríamos se nos fiássemos somente das nossas experiências religiosas, que são rigorosamente subjetivas.

As nossas emoções são ainda muito menos de fiar. Um pecador sentir-se-á comovido ao assistir à Primeira Comunhão do seu filho; outro, com a leitura de uma página da *Imitação de Cristo*. Estas impressões podem ser um toque direto de Deus, mas podem também ser um fenômeno puramente natural; em qualquer dos casos, não têm nenhuma relação com o estado de graça nem dão o mais leve indício dela. Pelo contrário, cristãos que levam uma vida irrepreensível e que não deixam um único dia de fazer oração podem durante algum tempo experimentar uma aridez desoladora. Contudo, estão unidos a Deus, embora não o sintam. Também não é pelo fervor sensível nem pela sua ausência que podemos ajuizar da qualidade das nossas comunhões.

Mais aleatório ainda é pretendermos apoiar a nossa fé nos acontecimentos que correm à medida dos nossos desejos, vendo neles um sinal do favor ou da vontade de Deus. Quando Osias diz aos habitantes de Betúlia que estão a ponto de morrer de sede: "Se dentro de cinco dias Deus não vos mandar a chuva, a cidade render-se-á aos assírios", Judite indigna-se de que ousem fixar assim prazos ao Senhor. As razões que Deus pode ter para deferir ou não os nossos desejos são independentes das razões pelas quais devemos ou não crer nEle. Se se apresenta a cura de uma criança gravemente doente como uma "prova" da bondade de Deus, teria de se apresentar como prova em contrário o desgosto de uma mãe que vê morrer o seu filho, apesar das suas mais ardentes súplicas.

Não é sob semelhantes pontos de vista que falamos da experiência religiosa pessoal como prova das verdades da fé. Também não é por semelhantes razões que falamos da necessidade de fazer a experiência da fé. A fé consiste em pormo-nos pessoalmente sob a influência de Jesus Cristo.

Esta fé experimental, longe de se opor à fé de autoridade, supõe-na. É à Igreja que pedimos para nos dizer quem é Jesus Cristo; é a ela, intérprete autorizada do ensino da Escritura e da experiência dos santos, que aprendemos primeiro o que é a ação de Cristo sobre a alma humana. Só isso funda e define a nossa crença. Só a fé recebida com submissão é condição para sermos salvos.

No entanto, ainda é preciso conservá-la contra os ataques da impiedade, contra as dúvidas de toda a espécie que podem perturbar o nosso espírito, contra os múltiplos assaltos do orgulho, da preguiça, da sensualidade, que, levando-nos a evitar com astúcia as obrigações que a fé nos impõe, a atingem indireta mas certeiramente.

Ora, este é já um domínio completamente subjetivo. Alguns nunca experimentam essas investidas contra a fé; outros têm que levar uma vida severa para se libertarem delas; outros, infelizmente, sucumbem. A sua violência e o seu poder nocivo dependem das circunstâncias em que cada um de nós se encontra, da nossa preparação intelectual, do nosso meio, do nosso temperamento; e também da nossa prudência ou imprudência e da nossa vontade mais reta ou menos reta. Todos estes condicionalismos são absolutamente alheios aos fundamentos da fé, mas são susceptíveis de a esconder, abalar ou fazê-la desaparecer.

Deus, como é lógico, não nos deixa desarmados para este combate: é aqui que a fé por experiência vem reforçar a fé por via de autoridade. Já não se trata, como há pouco, de descobrirmos em nós a prova da verdade, mas de nos submetermos totalmente à ação da graça divina, que consolida a nossa fé, fazendo dela uma convicção pessoal contra a qual todos os ataques falham.

* * *

"Ó Beleza sempre antiga e sempre nova: tarde te conheci, tarde te amei!" Quando pronunciava esta oração, Santo Agostinho apenas acreditava no que aprendera de Santo Ambrósio, mas fez disso uma experiência pessoal.

Pascal escreve febrilmente as folhas que preparam o tratado de apologética que sonha compor: os seus estudos, as suas reflexões ditam-lhe uma enorme abundância de argumentos. Mas, quando escreve sobre o mistério de Jesus, deixa falar a sua experiência. Não encontra palavras para exprimir a sua fé profunda, mas já não tem necessidade delas:

> "Certeza. Certeza. Sentimento. Alegria. Paz.
> Deus de Jesus Cristo.
> Alegria, alegria, alegria, lágrimas de alegria."

Poder-se-ia citar aqui o testemunho de todos os santos, desde os mais ilustres até os mais humildes servidores de Deus. Sabemos o que disse Ozanam: "Ainda que toda a terra tivesse abjurado de Cristo, haveria na inexplicável suavidade de uma comunhão um poder de convicção que me faria continuar a abraçar a cruz e me levaria a desconfiar da incredulidade de toda a terra". E também conhecemos a bela frase de A. Cochin: "Como me sinto bem debaixo do meu pobre telhado de colmo, enquanto lá fora chove granizo! Ó meu Deus! Como te amo, enquanto te discutem!"

Não se pense que esta experiência direta de Deus está ligada a alguns seres de exceção. É o privilégio normal de todo o cristão. É próprio do estado de graça tornar as verdades mais luminosas e mais comoventes. Entre os mais excelentes dons do Espírito Santo, figura o dom da sabedoria, cujo efeito é fazer-nos saborear — *sapere* — as realidades sobrenaturais, a ponto de nos dar delas, segundo a opinião dos teólogos, um conhecimento em parte experimental. *Experimentalem quamdam notitiam*, escreve São Tomás de Aquino.

Compete a cada um de nós cultivar esse dom, intensificando a nossa intimidade com Cristo. Ele dá-se a conhecer diretamente a quem crê nEle e o ama.

Não se conhece uma catedral por se ter dado uma volta por fora, por muito minuciosa que seja a inspeção: é preciso penetrar no interior para atingir toda a sua beleza. Assim acontece com o cristianismo. Não se compreende senão na medida em que se vive, na medida em que se submete a ele toda a vida. Isto explica por que os homens podem ter estudado a religião sem chegarem à fé, e porque crentes, que sabem apenas o que aprenderam no catecismo, ou o que ouviram na igreja, possuem, graças a uma prática religiosa constante, um sentido do divino e uma inteligência da fé verdadeiramente notáveis. Conhecem o cristianismo por dentro.

Além disso, o crente não tem de velar pela sua fé unicamente para não perdê-la. A fé só é um bem por aquilo que dela fazemos. Deus não nos deu a conhecer as verdades religiosas para enriquecer inutilmente o nosso saber ou para nos oferecer a ocasião de fazermos um ato de obediência e de humildade aceitando-as. Ele quer que essas verdades transformem radicalmente a nossa vida: é à nossa vida e não somente ao nosso espírito que elas se dirigem.

A fé completa implica, por consequência, a experiência da fé, isto é, o hábito de submetermos o nosso juízo às verdades cristãs, de nos esforçarmos por praticar as virtudes evangélicas, de recorrermos aos sacramentos da Igreja, de participarmos efetivamente do culto litúrgico: numa palavra, de vivermos totalmente o cristianismo. Graças a esta experiência, a religião não se impõe já exclusivamente ao nosso espírito pela solidez das suas provas ou pela coesão da sua doutrina, ainda que estejamos doravante mais persuadidos de uma e outra. Torna-se uma forma do nosso pensamento, faz corpo com a nossa vida: sentimo-la viver. "A fé — fazia notar Pascal — é Deus sensível ao coração". Duvidaríamos mais facilmente de nós do que da *nossa* fé, do *nosso* Cristo, da *nossa* Igreja. E sublinho as palavras "nosso" e "nossa" porque agora são completamente nossos, já não carecem de ser provados.

"Nós próprios ouvimos e sabemos que Jesus é verdadeiramente o nosso Salvador" (Jo 4, 42). Já não acreditamos, sabemos. Quando alguém nos pedir provas da nossa fé, ficaremos no primeiro momento embaraçados por termos de fazer uma demonstração; ficaremos surpreendidos de que nos interroguem sobre o que constitui para nós uma evidência interna e repetiremos a frase de São Paulo: "Eu sei em quem acreditei" (2 Tm 1, 12).

É esta a experiência a que Cristo nos chama, e que quer que renovemos e dilatemos todos os dias cada vez mais.

O SALVADOR DO MUNDO

"Sabemos ser este verdadeiramente o Salvador do mundo."

(Jo 4, 42)

É com esta afirmação triunfante que São João termina o seu relato.

O Salvador do mundo! Os samaritanos de Sicar, como a mulher do episódio, compreendem portanto o Evangelho melhor que os judeus. Estes quererão até ao fim confiscar o Messias para a glória da sua nação. Os melhores dentre eles, os fiéis que escoltam Jesus na manhã da Ascensão, perguntam-lhe ainda: "Senhor, é agora que vais restabelecer o reino de Israel?" (At 1, 6). Os habitantes de Sicar tiveram imediatamente uma visão mais ampla e mais verdadeira. Jesus não podia ser o profeta de uma nação, o libertador de um povo. Ele era o *Salvador do mundo*.

Ainda não tinham decorrido muitos meses depois da passagem de Cristo por Sicar, e já se manifestavam em alguns ambientes hesitações a respeito da sua missão. Da fortaleza de Maqueronte, onde se encontrava preso, João Batista recolheu os ecos delas, e mandou alguns discípulos fazerem esta pergunta ao Messias: "És tu aquele que há de vir ou temos que esperar outro?" (Mt 11, 3).

Depois de vinte séculos de cristianismo, a mesma pergunta ainda inquieta bastantes espíritos. Efetivamente, não se pode dizer que o mundo esteja salvo. A humanidade continua a sofrer e a lamentar-se, está sempre em luta com as mesmas desesperadoras misérias; há sempre esfomeados e desgraçados, opressões e revoltas. A injustiça ainda não foi eliminada, continua a produzir os mesmos males, o roubo e os assassinatos, com a única diferença de que o progresso e a ciência os tornam mais atrozes e multiplicam o número de vítimas. O reino do pecado não foi abolido. Deus não é conhecido.

Parece que se deve anuir ao conceito pessimista de Pascal: " Em geral, a bondade e a malícia do mundo continuam iguais". Se é verdade que a doutrina de Cristo conseguiu satisfazer as inteligências mais exigentes, e a sua moral pôde exaltar os corações mais generosos, não é verdade que a maior parte dos homens continua alheia ou refratária ao cristianismo? É Jesus que deve salvar o mundo ou devemos esperar outro Salvador?

Na hora presente, o nosso planeta oferece por toda a parte o espetáculo angustiante das elites e das massas que, umas e outras, esperam um acontecimento ou uma ideia, um homem ou um sistema que as venha salvar. Em face da complexidade de problemas que provocam o mal-estar geral, e da diversidade de reformas propostas, nenhuma das quais pode garantir-nos o resultado esperado, poderemos afirmar que o Evangelho tem em si a solução capaz de instaurar finalmente a justiça e a paz sobre a terra?

Impõe-se aqui um esclarecimento indispensável. Assim como é exato falar do caráter social do Evangelho, seria ilusório procurar nele um código de obrigações que liguem os homens entre si no terreno político, econômico ou internacional. Cristo nunca consentiu em ser o reformador social que os seus contemporâneos esperavam. Quando o querem colocar nesse plano, a sua recusa é categórica. Quando pretendem obter dEle uma profissão de fé política, distingue os domínios nitidamente diferentes de Deus e de César. E quando um bom homem do povo lhe pede: "Mestre, diz ao meu irmão que reparta comigo a sua herança", replica-lhe: "Homem, quem me constituiu juiz ou árbitro de partilhas entre vós?" (Lc 12, 13-14).

Contudo, Cristo quis realmente transformar o mundo, porque trouxe à terra os princípios de uma sociedade perfeita. Se os homens se dispusessem a pôr em prática o Sermão da Montanha, se os comerciantes e industriais, operários e empregados, cidadãos e governantes, tomassem por princípio de ação a "regra de ouro" que nos manda fazer aos outros o que quereríamos que nos fizessem a nós, em pouco tempo o mundo estaria mudado, a miséria suprimida, as disputas apaziguadas.

Jesus é verdadeiramente um reformador, mas a reforma que propõe tem por base e fim uma mudança interior e religiosa.

* * *

Cristo não seria o Salvador do mundo se se tivesse dedicado apenas a pensar as chagas superficiais: tinha de atingir o mal nas suas raízes. Foi por isso que não se dedicou às instituições, mas à pessoa humana. *Para salvar a sociedade, dirigiu-se ao indivíduo.*

Ninguém mais que Ele estremeceu de indignação perante as iniquidades sociais. Quem como o autor da parábola de Lázaro e o rico epulão conseguiu alguma vez traduzir numa linguagem mais ousada — e ao mesmo tempo menos demagógica — o egoísmo dos poderosos? Cada vez que se apresenta a ocasião, Jesus toma a defesa daqueles cujos direitos são desconhecidos: do pobre, da criança, da mulher. Mas evita fazer leis que ponham termo à situação dos que defende. Deixa aos discípulos o cuidado de procurar com os seus concidadãos de boa vontade os remédios apropriados, oportunos e eficazes para as injustiças de todos os tempos.

Ele muda o coração dos homens, liberta-os do egoísmo, prega sem descanso a ação fraternal. Veio atear na terra o fogo do amor e da renúncia, e é sobre essa dupla base de caridade e sacrifício que lança os fundamentos de uma humanidade nova. Jesus salva o mundo, mas agindo sobre o indivíduo. Não o modifica por meio de leis, transforma os costumes.

Quando os fariseus lhe perguntam quando chegará o reino de Deus, responde-lhes: "O reino de Deus não virá de um modo ostensivo, como se se pudesse dizer: Ei-lo aqui ou ei-lo acolá!, pois o reino de Deus está dentro de vós" (Lc 17, 20-21).

Não deveria esta resposta do Mestre acalmar as nossas impaciências? O mundo não será salvo por agitações que modifiquem radicalmente o espírito dos povos. É um a um que Cristo chama os seus discípulos, e é dentro de cada um que se opera a reforma da humanidade. Serão necessários séculos e séculos para que esta evolução — no meio de sofrimentos e períodos de regressão — chegue ao seu termo. Não poderia ser de outra maneira, porque se trata de um movimento que compromete a liberdade individual.

* * *

Jesus conhece a causa profunda dos males que tem de curar: "É do interior do coração dos homens que procedem os maus pensamentos, os adultérios, as fornicações, os homicídios, os furtos, as avarezas, as malícias, as fraudes, as desonestidades, a inveja, a blasfêmia, a soberba e a loucura. Todos estes males procedem de dentro e contaminam o homem" (Mc 7, 21-23). Ele sabe o que envenenou essa fonte escondida de todos os males: a revolta do homem contra Deus.

A humanidade não será o organismo harmonioso e vigoroso que deverá ser enquanto os homens não aderirem à ordem estabelecida por Deus. Ainda há pouco, imaginávamos o feliz estado de uma sociedade que se inspirasse na grande lei: "Amai-vos uns aos outros como eu vos amei". Não é verdade que, se essa lei fosse cumprida, se veriam desaparecer bem depressa as antipatias, as rivalidades, os ódios e as violências?

Uns, porém, acham que, dada a malícia congênita da natureza humana, a lei evangélica do amor é uma utopia. Seria preciso um homem forte que se impusesse às massas e as disciplinasse: esse homem bom e forte modificaria pouco a pouco os maus costumes. Mas a força que pode obrigar por algum tempo é por si só incapaz de convencer. Pode operar reformas temporárias e superficiais, mas não é capaz de modificar uma alma: ora, só isso é que conta duradouramente.

Outros apostam nas boas disposições da nossa natureza, sem necessidade de Cristo. Aos olhos deles, se os homens, melhor compenetrados dos seus verdadeiros interesses, se unissem no culto da justiça, a sociedade e eles próprios estariam salvos. Mas acham que para isso seria preciso começar por libertá-los da influência anestesiante do cristianismo, que na opinião deles atrasou o progresso do mundo ao pôr a atenção e as esperanças dos homens no Além. Clamariam: em lugar de pregar a resignação ante os males presentes, à espera de uma compensação hipotética, construamos aqui em baixo a cidadela futura, criemos agora uma humanidade fraternal. Mas a esses reformadores, apenas lhes falta o meio de criar a fraternidade entre os homens, cujos interesses pessoais serão sempre um fator de divisão.

O céu não nos faz esquecer a terra. Cristo só promete a felicidade sem fim aos que aqui em baixo lutarem e sofrerem pela justiça (cf. Mt 5, 10). O Evangelho não nos manda fugir do mundo, mas salvar o mundo difundindo o espírito de Jesus.

Não se censure o cristianismo por elevar o nosso pensamento para lá da terra: é a única maneira de tornar a terra melhor e mais feliz. O erro dos que creem não é olhar demasiado para o céu, mas sim não pensar nele suficientemente. Porque o esquecimento do céu os conduz a deixar-se de novo enredar nos bens terrenos, a defender os interesses próprios e os de classe, abafando os da caridade, a aceitar as injustiças quando delas se beneficiam.

Quem crê verdadeiramente no Evangelho, quem procura conformar-se em tudo com o espírito de Cristo, quem professa cada dia que a sua pátria, a casa de seu Pai, está nos céus, esse não recua diante de sacrifício algum susceptível de melhorar a sorte dos homens. Quanto mais se acredita no céu, mais se trabalha pela felicidade na terra. Por isso, não esperemos outro Salvador fora de Jesus Cristo. Dizia São Pedro: "Não há debaixo do céu nenhum outro nome que tenha sido dado aos homens pelo qual devamos ser salvos" (At 4, 12).

Podemos agora responder à objeção a que aludíamos no começo deste capítulo: por que o cristianismo não transformou mais o mundo? E a resposta é clara: porque entre a humanidade e a felicidade há o fosso profundo de todos os nossos pecados. O progresso da humanidade é uma questão de ordem moral, que só pode ser resolvida pela obediência aos ditames da fé. Os males que nos desolam vêm da nossa inclinação para o pecado.

Não é isto uma prova evidente de que temos necessidade de um Salvador? Enquanto não tiver encontrado Cristo, o homem é para si próprio um enigma, porque se sabe feito para se ultrapassar e é incapaz de o conseguir. Abandonada a si mesma, a humanidade cai continuamente na animalidade de que Deus a quis arrancar. O pecado não é senão a queda do homem que, levantado por Cristo acima de si, recai desesperadoramente abaixo de si.

Dê-se a volta ao mundo, passem-se em revista todos os sistemas filosóficos, todos os projetos de reformas sociais, todas as tentativas bem intencionadas de estabelecer as bases de uma sociedade mais fraternal, e não se descobrirá nisso tudo senão paliativos, remédios superficiais que adormecem provisoriamente a dor, mas que não podem suprimir a causa do mal. Só há um remédio eficaz: o que Cristo veio trazer-nos — arrancar o homem do pecado e colocá-lo na dependência de Deus. Então os homens amar-se-ão uns aos outros e o mundo será salvo.

Não o é ainda. Mas ao anunciar o Messias, Isaías profetizava: "Deus não se deixará vencer até que tenha estabelecido a justiça sobre a terra" (Is 43, 4).

Cristo não desanima, não desanimemos também nós. Tinha razão a humilde Samaritana em pedir a Jesus a água purificadora que só Ele podia dar e que apaga toda a sede. E os seus compatriotas também tinham razão. Como eles e como Pedro, temos que dizer a nós mesmos e dizer aos homens que sofrem e querem curar-se: "Não há senão um nome pelo qual possamos ser salvos. Jesus é verdadeiramente o Salvador do mundo".

O TESTEMUNHO SUPREMO

> *"Treze dias antes das Calendas de Abril, celebra-se a festa da Samaritana, dos Santos José e Vitor, seus filhos, e também dos Santos Sebastião, oficial do exército, Anotol, Fotius, Fotide e de duas irmãs Parasceve e Cyriaca: todos eles, depois de terem confessado Cristo, sofreram o martírio."*
>
> (*Martirológio Romano*, 20 de março)

Quando acabamos de contar a uma criança uma bela história, não é de admirar que ela nos pergunte: — E depois?

— E depois? Mas a história acabou!

Para uma criança, uma história nunca acaba, e ela não nos perdoa enquanto não souber o que aconteceu a todos os personagens cujas aventuras acompanhou atentamente.

Voltando agora à página do Evangelho onde São João nos conta o episódio maravilhoso da Samaritana, faríamos ao escritor sagrado a mesma pergunta das crianças insaciáveis: — E depois?

Sim, o que restou do fervor dos habitantes de Sicar? Ficaram fiéis a Jesus ou imitaram a ingratidão dos galileus de Corazaim e de Betsaida? (Mt 11, 20-21).

O que aconteceu mais particularmente à Samaritana? A sua natureza impressionável e ardente fê-la recair nos mesmos desvarios, ou, pelo contrário, nunca mais voltou a ter sede desde que Jesus lhe deu a água viva que devia purificar o seu coração para sempre? Seja-nos permitido supor que Sicar estava no número "das aldeias dos samaritanos" que o livro dos Atos menciona como tendo acolhido a pregação de São Pedro e São João (cf. At 8, 25).

Mas quanto à Samaritana, estamos sem dúvida bem informados, porque, se não se volta a mencioná-la nos livros sagrados, pelo menos o Martirológio nos dá a garantia da sua perseverança: não somente conservou a fé em Jesus, mas confessou-a ao preço da sua vida. Infelizmente, no tempo da perseguição ordenada por Nero, como também no da de Domiciano, que se seguiu àquela, não possuímos as atas oficiais que depois a Igreja instituiu para glória dos seus mártires. À falta de documentos de primeira mão, só podemos guiar-nos pelas tradições locais, fixadas muito tempo depois dos acontecimentos e sem um caráter histórico rigoroso. Somos, pois, livres de rejeitar essas tradições, como também de recolher com piedade as recordações que se transmitiam em cada Igreja sobre aqueles que morriam pela fé.

A Igreja que se gloriava do martírio da Samaritana era a de Cartago. Sem nos determos nos pormenores relativos aos nomes enumerados depois do dela no Martirológio Romano, retenhamos a referência que o documento faz aos seus filhos martirizados juntamente com ela, e ao testemunho de sangue que ela e eles deram mais de trinta anos depois da conversa com Cristo no poço de Jacó.

A passagem de Jesus pela vida daquela mulher não foi um episódio sem consequências. A referência ao martírio da antiga pecadora faz pensar que ela não voltou aos seus erros e que a chama acesa por Cristo nunca mais se lhe extinguiu. Tendo encontrado o verdadeiro Salvador do mundo, já não esperaria nada mais da terra. O Evangelho ter-se-ia tornado a sua luz; a caridade, a sua lei. Adoraria o Pai em espírito e verdade. Continuaria durante o resto da vida a dar a conhecer Aquele que a tinha salvo.

Quando as perseguições e a guerra a obrigaram a deixar a Samaria, tomou certamente, como no dia da sua conversão, a chefia do pequeno enxame de discípulos que, pensando que partiam para o exílio, iam espalhar o Evangelho pelo mundo. Terá ela chegado a Roma, como pretende uma tradição grega? E, conforme uma lenda espanhola, deveremos atribuir-lhe a conversão de uma filha de Nero, Domnina, que ela própria teria batizado juntamente com os criados da sua comitiva? Não importa que tudo isso seja verdade ou não.

O que conta é que ela terá continuado a anunciar Jesus aos homens, e que, depois de ter vivido para o fazer amar, lhe deu, morrendo por Ele, a prova suprema da sua fidelidade.

Mas que será mais de admirar? O poder irresistível de Cristo sobre uma alma, ou a indefectível afeição da alma por esse Cristo que a resgatou? As exigências do amor divino ou a imperiosa necessidade de agradecimento por parte do coração dos homens?

* * *

Entre os sinais pelos quais o mundo deve reconhecer a sua Igreja, o Senhor fala das perseguições e do martírio que os seus discípulos sofrerão.

Com essa advertência, não se propõe apenas encorajá-los de antemão para o dia em que se desencadearem as perseguições contra eles. Vê outra coisa nas violências de que serão objeto: "Isto vos acontecerá — diz Ele — para que deis testemunho" (Lc 21, 13).

O apostolado consiste, já o vimos antes, em dar testemunho de Jesus Cristo. A palavra grega que significa testemunho, *martyrion*, é a origem da nossa palavra "martírio". O martírio é o testemunho mais excelente de todos.

Conforme a vontade expressa do seu Fundador, o cristianismo terá sempre mártires. Assim como o Filho de Deus quis morrer pelos homens, os homens aceitarão voluntariamente morrer por Ele. O martírio foi a morte normal dos Apóstolos e a sorte frequentemente reservada aos cristãos durante dois séculos e meio. Cada vez que, ao longo da história, o cristianismo deitar raízes numa nova terra pagã, os primeiros missionários deverão, por sua vez, selar a sua pregação com o seu sangue: *Isti sunt qui plantaverunt Ecclesiam sanguine suo*. Eles implantaram a Igreja com o seu sangue. O martírio é, aliás, um estado permanente. A perseguição viceja em todas as épocas, ora num país, ora noutro, e não há perseguição que não se torne sangrenta durante um período mais ou menos longo. Mas se Cristo reclama esta prova de sangue, qual é o sentido e o alcance de um tal testemunho?

* * *

Correm a este respeito bastantes ideias falsas. Uma consiste em imaginar no martírio cristão uma sobrevivência dos sacrifícios humanos nos cultos idolátricos. Não, o Deus do Evangelho não sente prazer em respirar o odor acre do nosso sangue. Se já o Deus dos profetas se desgostava com a imolação de animais, com mais razão o Pai dos céus não poderia estar ávido de vítimas humanas.

O martírio cristão também não é assimilável ao fanatismo dos derviches que retalham furiosamente o corpo, pensando ser agradáveis às suas divindades*. Pelo contrário, a Igreja recusou sempre o título de mártires aos que se expõem à morte por iniciativa própria. Os cristãos dos primeiros séculos estavam proibidos de se denunciarem como tais às autoridades romanas, ou de provocarem os pagãos com ultrajes ao seu culto. Um Concílio anterior à perseguição de Diocleciano promulgava esta sentença: "Se algum cristão quebrar os ídolos e for morto por esse ato, não será inscrito no número dos mártires". Ainda mais, a Igreja aprovava e até aconselhava a fuga durante as perseguições, baseando-se na palavra do Mestre: "Quando vos perseguirem numa

---

* Ou dos homens-bomba dos nossos dias por motivos políticos (N. do E.).

cidade, fugi para outra" (Mt 10, 23). São Gregório Nanzianzeno resume assim o ensinamento usual: "É covardia recusar-se [ao martírio]; é temeridade oferecer-se".

Portanto, nem o cristianismo deve ser acompanhado por uma febre mórbida de morte, nem Cristo legitimou semelhante forma indireta de suicídio. Mas Jesus sabe que se tentará de tudo contra a sua obra, que, para deter a difusão do Evangelho, os poderes adversos não hesitarão em matar os seus discípulos. É com essa perspectiva que Ele fala aos discípulos das perseguições que os aguardam: não é que Deus aprove a injustiça e a crueldade dos perseguidores, mas aceitará como um testemunho o sacrifício daqueles que preferirem morrer a renegá-lo.

Qual será, por outro lado, o objeto deste testemunho? Ainda aqui dissipemos um erro. Não pretendemos que o martírio prova a verdade do cristianismo, alegando que ninguém se deixa matar por uma mentira. Este argumento é demasiado simplista, porque também se pode morrer para defender um erro. Pensemos no famoso texto de Pascal: "Acredito com demasiada facilidade nas histórias em que as pessoas que prestam testemunho se deixam degolar. Também entre os adeptos das piores doutrinas se encontra quem sacrifique resolutamente a sua vida pela causa que defende".

Um testemunho propriamente dito assenta em duas bases. O mártir cristão prova em primeiro lugar uma verdade primordial: o aparecimento do Filho de Deus na nossa humanidade. "Sereis minhas testemunhas". Diante do Sinédrio, Pedro e João não fazem uma apologia das suas crenças; afirmam acontecimentos que tinham presenciado: "Nós não podemos deixar de dizer o que vimos e ouvimos" (At 4, 20).

Depois deles, todos os mártires cristãos, mesmo os do nosso tempo, testemunham também este dado capital: que Cristo veio a este mundo para entrar na vida deles, para tornar-se o seu maior amor, e que só Ele lhes dá um sentido à vida, a ponto de que, se lhes for imposta uma alternativa, preferem renunciar a viver a renunciar a Ele.

É certo que, ao dispor-se a enfrentar a morte, o mártir proclama a verdade da sua fé: está seguro de entrar na plenitude da vida, reencontrando Aquele por quem vai sofrer. Mas se está seguro disso, é porque o Filho de Deus lho disse e é disso que a sua morte dá testemunho. Quando se dirige sem outra saída ao suplício, o mártir afirma que Jesus Cristo não morre. Cada vez que morre um mártir, estamos diante de uma nova afirmação de que Cristo vive sempre, e de que Ele é o Mestre definitivo da humanidade.

É este o significado essencial do martírio cristão. Ato de fé e ao mesmo tempo resposta sublime do homem ao amor de Deus, um eco perfeito do cristão à declaração que Jesus foi o primeiro a fazer: "Não há maior amor do que dar a vida por aqueles que se ama" (Jo 15, 13). O mártir vai para a morte como Jesus morreu. Não é somente o horror dos tormentos sofridos que santifica a sua morte voluntária, mas a maneira como os suporta. A exemplo de Cristo, os mártires morrem sem ódio pelos seus juízes e carrascos: pedem a Deus que lhes perdoe. Não há vaidade na sua atitude. Pelo contrário, rezam humildemente para que a sua resolução não se enfraqueça. Até ao fim pensam nos outros e dão-lhes todos os sinais possíveis da sua caridade, e desse modo são testemunhas da verdade eterna do Evangelho.

Por último, oferecendo a sua vida, o mártir atesta que a obra de Cristo continua no mundo. Junta os seus sofrimentos aos do Salvador para completar a redenção do mundo. Essa morte que o mártir aceita sem a ter procurado participa do valor da morte de Jesus: "Se o grão de trigo que cai na terra não morre — diz Cristo —, fica infecundo; mas se morre, produz muito fruto" (Jo 12, 24). O mártir não é um desenganado que foge de um mundo onde a perversidade o incomoda e entristece. É o autor consciente e alegre da conversão do mundo. Sabe que a sua morte será uma fonte de vida e de santidade para a Igreja. "O sangue dos mártires é semente de cristãos".

* * *

Terminaremos estas considerações admirando somente a coragem heroica dessa "grande nuvem de testemunhas"? (Heb 12, 1). Seria já uma conclusão útil. Mas quem pode dizer o que a Providência espera de nós? Se o martírio é uma condição permanente na Igreja, a perseguição e a paz sucedem-se num ritmo que nós não dominamos. Os católicos franceses que se lembram dos assaltos aos conventos e igrejas dos começos do século passado não previam então que, trinta anos mais tarde, a Guarda Republicana apresentaria armas ao Cardeal-Arcebispo de Paris. Os tempos mudam. Podem mudar ainda, e ninguém saberá prever se não mais se ouvirão os tiros da rua Haxo*. Se isso acontecesse, seríamos as testemunhas firmes de Cristo?

Sê-lo-emos nas horas sempre possíveis da perseguição, se já o formos nas horas mais fáceis da paz. Pensemos muitas vezes que, em vários países cristãos, os nossos irmãos são atualmente alvo de duras medidas de perseguição. Rezemos por eles e fortaleçamos a nossa coragem a exemplo da deles.

Por uma vida virtuosa, por um apostolado generoso, temos de manter no nosso coração, como fez a Samaritana, um ardente amor por Jesus Cristo. Sejamos desde já as suas testemunhas verídicas, tomando por regra de conduta as linhas admiráveis que Ozanam escrevia há mais de um século:

"A terra esfriou, e somos nós, católicos, que temos de reanimar o calor vital que se extingue, é a nós que compete recomeçar também a era dos mártires. Porque ser mártir é coisa possível a todos os cristãos; ser mártir é dar a vida por Deus e pelos irmãos, é dar

---

* Referência a um massacre ocorrido na última semana da Comuna de Paris, entre 22 e 28 de maio de 1871. Na rua Haxo, 50 pessoas — 10 sacerdotes, 36 soldados e quatro civis — foram fuzilados sumariamente pelos revolucionários. Posteriormente, construiu-se nessa mesma rua a Igreja de Nossa Senhora dos Reféns, em memória das vítimas (N. do E.).

a vida em sacrifício, quer seja consumida de uma só vez como holocausto, quer se vá dando lentamente e fumegue dia e noite como os perfumes sobre o altar: ser mártir é dar ao céu tudo o que se recebeu: o ouro, o sangue, a nossa alma inteira".

Direção geral
Renata Ferlin Sugai

Direção editorial
Hugo Langone

Produção editorial
Juliana Amato
Gabriela Haeitmann
Ronaldo Vasconcelos
Roberto Martins

Capa
Gabriela Haeitmann

Diagramação
Sérgio Ramalho

ESTE LIVRO ACABOU DE SE IMPRIMIR
A 29 DE ABRIL DE 2024,
EM PAPEL PÓLEN NATURAL 70 g/m².